Impressum

Bibliografische Information der Deutschen Nationalbibliothek:
Die Deutsche Nationalbibliothek verzeichnet diese Publikation
in der Deutschen Nationalbibliografie; detaillierte bibliografische
Daten sind im Internet über dnb.dnb.de abrufbar.

© 2022 Mascha Krupka

Herstellung und Verlag: BoD – Books on Demand, Norderstedt

ISBN 9783756241972

Mascha Krupka

Mein Lebenszeichen

Gedichte vom Hinfallen und Wiederaufstehen
vom Loslassen und Weitergehen

Für Maria

Hinfallen und Wiederaufstehen

Obwohl psychische Krankheiten längst im Alltag der heutigen
Gesellschaft angekommen sind, wird immer noch sehr wenig
über dieses Thema gesprochen. Häufig fehlt es an Aufklärung
und an Verständnis in dem System, in dem wir leben. Dieses
Buch ist meine Geschichte. In lyrischer Form bringe ich meine
Gedanken zu Papier. Gedanken aus Phasen, in denen es mir sehr
schlecht ging und in denen ich gar nicht einzuordnen wusste,
was mit mir los war, bis hin zu Gedanken, die mein Leben sehr
positiv bereichern. In der Zeit, in der es mir so schlecht ging,
bekam ich durch mein Umfeld erstmal keine Unterstützung
Doch irgendwann kam ich an den Punkt, an dem ich realisierte,
dass es so nicht weitergehen konnte und ich Hilfe brauchte. Ich
hatte Glück und wurde aufgefangen und auch wenn sich das
jetzt leicht liest, waren das immens schwere Schritte. Zu geste-
hen, dass man alleine nicht klarkommt, fühlte sich an wie eine
Bloßstellung, das erste Mal zu einem Therapeuten zu gehen, wo
man nicht wusste, was einen erwarten würde, kostete verdammt
viel Mut und sich auf eine Behandlung in einer Klinik einzulas-
sen, erschien utopisch. Man kann sehen, es ist ein langer Weg,
ein Prozess, der bei der Einsicht Hilfe zu brauchen, anfängt. Es
ist schade, dass so wenig darüber gesprochen wird, denn dieser
Prozess ist, so schwer er auch manchmal sein mag, etwas ganz
Besonderes und er wäre deutlich leichter, wenn man das Ge-
fühl hätte, dass es gesellschaftlich akzeptiert wird. In meinem
Prozess habe ich viel über mich gelernt. Ich bin sehr dankbar für
vieles, was war.
Dieses Buch ist der Beweis dafür, dass sich aus einer psychi-
schen Krankheit mit Hilfe von richtigen Therapien und einem
gesunden Umfeld, etwas Neues entwickeln kann, dass man
psychische Krankheiten nicht in Schubladen stecken sollte und
dass psychisch krank vielleicht auch nur bedeutet, dass man die
Umwelt oder sich selber anders als andere Menschen wahr-
nimmt.

Kunstwerk

Jeder Mensch ein Kunstwerk, vom Leben gezeichnet
Mit allem was geschieht und was sich ereignet.
Manchmal kann ich kaum glauben, etwas Besonderes zu sein,
So fühle ich mich doch häufig hilflos und klein.
Aber die Vorstellung, dass einen das Leben modelliert,
Und dass all das, was passiert, das Kunstwerk komplettiert
Gibt mir Kraft und hilft mir zu akzeptieren,
Was ich alles schon geschafft
habe und wenn ich mich verlieren
Sollte,
Finde ich schneller wieder den Faden,
mit der Gewissheit die Freiheit zu haben,
Und mich nicht in ein System einfügen zu müssen,
Sondern ein Kunstwerk zu sein und auch zu wissen,
Es gibt keine Fehler, denn Kunst, die ist frei.
Kunst kennt keine Form, Kunst geht nicht vorbei.
Und der Künstler ist das Leben, der Künstler von allem,
Die wird es immer geben, auch wenn wir fallen.

Land mit B

Fremdes Land
Keine Hand
Die mich hält
Falls man fällt
Fremdes Haus
Geh nicht raus
Immer Angst,
Dass du's nicht kannst
Zeit viel schneller
Nacht viel greller
Fremder Streit
Uneinigkeit
Kein Verständnis
Keine Kenntnis
Fremde Sprachen
Wenig Lachen
Immer schlecht
Nicht gerecht
Immer klein
Und allein.

Abschied
Hoch oben,
dort am Himmelszelt,
wo die Wolken weinen,
leise,
um dich,
weil du gingst auf die Reise.

Hoch oben,
dort am Firmament,
wo die Sterne leuchten,
hell
für dich,
weil du gegangen bist so schnell.

Weit in der Ferne,
dort am Horizont,
wo die Sonne lacht und weint
und unsere Herzen schweigen,
dort bist du jetzt,
irgendwo....

Flucht
Von hier nach dort,
einfach fort!
Irgendwo hin,
wo ich unsichtbar bin!
Wo ich einfach nur sein kann,
ohne da sein zu müssen,
Wo ich einfach hinein kann,
ohne schlechtes Gewissen...
Ein Buch!
Ein Buch,
wo ich nicht rein gehöre,
aber ein Buch,
wo ich niemanden störe,
einfach zuhöre!
Das Buch erzählt,
es wird lebendig
in meinem Kopf.
Es malt Bilder und Gedanken,
es baut Mauern, es baut Schranken
und doch öffnet es mir Türen,
die in andere Welten führen.
Ich bin geflohen in das Buch,
war unsichtbar
nur zu Besuch
und doch lieh es mir seinen Blick!

Attraktion
Ich bin gefangen in einem Käfig,
wie der Tiger im Zoo.
Dieser Tiger läuft im Kreis,
denn er schläft nicht.
Allein ist er sowieso!

Alle bleiben stehen,
um ihn zu betrachten,
aber nur um ihn zu sehen,
nicht um ihn zu achten.

Er ist allein, wird aggressiv
und fängt an sich selber zu beißen.
Alle sehen: Hier läuft was schief,
doch tun sie alle drauf scheißen!

Der Tiger hört auf zu fressen, wird dünner.
Man sieht, es geht ihm beschissen
und von Tag zu Tag wird es schlimmer,
Obwohl es alle wissen

Und die Menschen bleiben stehen,
zeigen auf ihn mit dem Finger,
aber anstatt zu helfen oder weiterzugehen,
lachen sie vor seinem Zwinger.

Der Tiger weiß weder ein noch aus,
er kämpft mit sich allein.
Er denkt immer wieder,
er muss hier raus,
Aus Angst lässt er keinen mehr rein!

Mit seinen Gedanken alleine im Käfig,
wird der Tiger langsam schläfrig.
Er legt sich in die Ecke
und rollt sich ein
und hört auf zu atmen
und hört auf zu sein!

Oma
Eine Kerze wurde angemacht
warm.
Das Licht tanzte,
hat gelacht
hell.
Wir haben an die Kerze gedacht
still.
Eine Kerze wurde angemacht.

Diese Kerze brannte immer.
Ihr Licht, ihre Wärme erhellten das Zimmer.
Diesen Schimmer
vergessen wir nimmer,
in der Dunkelheit.

Eine Kerze erlosch
leise.
Auf eine besondere Weise.
Der Schimmer zieht noch seine Kreise
leise.
in der Dunkelheit.

Die Kerze wurde angemacht
wieder.
Das Licht tanzte, hat gelacht
wieder.
Wir haben an die Kerze gedacht
still.
Sie wird nie erlöschen,
Eine Kerze wurde angemacht!

Ausgesaugt werden
Ich bin mein eigener Vampir.
Ich saug' mich aus,
mach' mich kaputt!
Weil jeder Lebenshauch von mir,
der muss hier raus,
der ist nur Schrott!

Es ist kein Kampf,
es ist 'ne Qual.
Längst aufgegeben
jedes Mal
werde ich kleiner,
nimmt er mehr
Dankbar geb' ich es ihm her.

Denn mit mir selber ist es schrecklich.
Der Vampir, der kommt - Versteck dich!
Ich bleib stehen,
Seh ihn gehen
Bin weder da,
noch wie ich war!

Er nahm die Kraft,
die Energie,
den Lebenssaft!
Vergess ich nie

Nun ist er fort,
ist wieder stärker,
an dem Ort,
von dem er herkam
In mir drin
Ich bin leer, ich bin allein
-Er dringt immer tiefer ein!

Ertrinken
Ich war in Gedanken versunken
wollte schwimmen, bin ertrunken,
es hat alles nichts gebracht,
sie haben mich nur ausgelacht!

Keiner hat mir geholfen,
weil niemand sah,
dass ich schon fast ertrunken war.

Ein Lachen, ein Singen um mich herum.
Ich selber ein Nichts
verzweifelt und stumm.
Keine Meinung, ahnungslos
klammer' ich mich an irgendein Floß.

Doch es ist keine Rettung, es ist eine Qual
Es lässt mich nicht los
und mir keine Wahl.

Ich flehe es an:"Gib mir den Rest!"
Doch das Floß gibt nicht auf
und hält mich fest.

Doch ich will keine Last sein,
will einfach gehen,
Die Gedanken, das Leben nicht verstehen.
Ich will selber schwimmen und selber lachen
und niemandem mit meinem Leben Mühe machen.

Das Floß lockerte seinen Griff,
ich will fliehen,
doch mein eigenes Schiff
will nicht gegen sich selber verlier'n
und bietet dem Käpt'n
mutig die Stirn.

Der Kampf ist zu Ende, das Schiff segelt fort,
es warf den Käpt'n stumpf über Bord.
Ich war in Gedanken versunken,
wollte schwimmen, bin ertrunken,
es hat alles nichts gebracht.
Ich habe mein Leben zu Ende gedacht!

Gefangen
Traurig
Ich bin gefangen in einer Kiste.
Ich bin traurig und allein

Verzweifelt
Damit mich keiner sieht,
bleibe ich lieber klein.

Wütend
Aber manchmal werde ich sauer,
Dann will ich hier raus,
aber diese Mauer
hält Hass und Schmerzen aus.

Tod
Ich weiß nicht mehr weiter.
Ich seh keinen Weg,
Niemand kann mir mehr helfen,
ich bin total verdreht.

Zwei Stimmen
Während du mir sagst,
ich kann es schaffen,
ich bin stark!

Während du mir sagst,
dass ich mich lieben muss,
mich mag!

Während du dafür kämpfst,
dass ich mich anzunehmen weiß,
ist da noch wer anders,
der in meinem Kopfe kreist.

Dieser Jemand zweifelt, schimpft und kratzt.
Er macht alles kaputt,
während er redet, schreit und hasst.

Dieser Jemand macht mich stumm.
Dieser Jemand macht mich klein.
Er will mich nicht haben
und verbietet mir zu sein.

Und egal, wie sehr ich kämpfe
und egal, wie stark ich bin
und egal, wie laut ich lache,
ich verstehe nicht den Sinn,
Von der Maske, die mich schützt,
Von der Klinge, die mich ritzt,
Von dir, der mich noch am Leben hält,
Von dem anderen, der es wieder zerschellt.
Und ich weiß nicht, wer ich bin,
wer soll ich sein?
Denn trotz der beiden Hälften,
bin ich allein!

Funktionieren
Ich bin wie eine Maschine.
Man stellt mich aus und wieder an,
weil ich das Leben nicht verdiene
und weil ich einfach nicht mehr kann!

Als es zum Kurzschluss kam
und nichts mehr funktionierte.
Ich fühlte mich einsam,
weil es mich kontrollierte.

Da musste ich wieder selber leben,
meine Wunden selber kleben,
welche Narben hinterließen
und mein Herz vor mir verschließen.

Ich musste auf meinen Körper hören.
Aufhören ihn zu zerstören.
Musste lernen mich wieder selbst zu lieben.
Aufhören mich zu bekriegen...

Ich hatte Erfolg und es gelang
bevor mein Herz wieder zersprang.
Jetzt weiß ich nicht mehr, wie es geht,
wie man alleine weiterlebt.

Drum bin ich wieder die Maschine,
weil ich es noch immer nicht verdiene
Man stellt mich an und wieder aus.
Ich muss hier raus!

Meine Katze 2
Die Katze in meinem Kopf,
sie schlummert
und schnurrt leise im Schlaf.
Man könnte meinen,
wenn man sich kümmert,
dann sei sie lieb und brav.

Doch dann plötzlich zucken die Lider,
der Schwanz schlägt nervös hin und her.
Ihre Augen öffnen sich wieder,
ich weiß keinen Ausweg mehr!

Die Katze in meinem Kopf ist wach,
macht einen Buckel und streckt sich.
Fauchte und sprang und machte Krach,
was soll ich tun, denn sie hört nicht!

Ihre Krallen schneiden ins Fleisch,
das Blut fließt über die Haut.
Und sie kratzt und schlägt um sich,
während sie kreischt,
macht alles kaputt und miaut.

Die Gedanken kaputt und zerbrochen,
Alles durcheinander zerstört.
Ich hab mich an den Scherben gestochen
und niemand hat was gehört.

Die Katze in meinem Kopf,
sie schlummert.
Träumt, liegt friedlich da.
Um sie herum ist alles zertrümmert,
nichts ist mehr so, wie es war!

Doch nun werd ich lernen
aufzuräumen,
mich zu ihr zu legen, mit ihr zu
träumen.
Ich werde mich trauen sie zu
berühren,
um ihr weiches Fell zu spüren.

Ich versuche mich nicht vor ihr zu
fürchten
und in alte Muster zu flüchten.
Ich werde ihr nun Futter geben,
anstatt mich zu wehren mit ihr zu
leben.

Vielleicht ist das alles nur ein Spiel
und sie zu zähmen ist mein Ziel.
Dann kommt sie vielleicht auch von
allein
und schmiegt sich schnurrend an
mein Bein.

Und wenn sie traurig ist und
schreit,
dann zeig ich ihr
„wir sind zu zweit!"
Dann sage ich ihr :" Wir sind stark!"
Dann sag' ich ihr, dass ich sie mag!

Zeichenstunde
Ich sehe dich und auch deine Angst,
Wie du zwischen Vertrautem und Neuem schwankst.
Wie du dich erst versteckst, um dich dann wieder zu trauen,
Erst nach hinten blickst, um dann wieder nach vorne zu schauen.

Und dabei ist nach vorne schauen wirklich nicht leicht,
Aber auch du weißt, dass der Blick auf das Alte nicht reicht
Und auch wenn man die Konturen nur schemenhaft erkennt,
Es ist nur das Jetzt, was dich von dem Neuem noch trennt.

Als Beispiel fasst du einen Entschluss
und du entscheidest selbst, was sein muss,
ob du nach rechts gehst oder nach links,
ob du versuchst zu schwimmen oder versinkst.

Im Hier und Jetzt entsteht das, was kommen wird,
Das Neue, über das man so schnell den Überblick verliert.
Was einen manchmal dazu drängt lieber stehenzubleiben,
Aus Angst davor, sich falsch zu entscheiden.
Aber wer hat bitte das Recht zu sagen, was falsch und richtig ist.
Niemand hat das, das ist der Punkt, der wichtig ist,
Niemand hat das, außer dir selber,
Nur wenn man selbst entscheidet, wird man älter.
Nur wenn man sich entscheidet weiterzugehen
Und über der Angst vor dem was kommt zu stehen.
Dieses Bewusstsein, das genügt
Um mitzugestalten, was vor einem liegt

Aus eigener Kraft
In mir drinnen leuchte ich,
nein, das ist noch untertrieben.
Ich sprühe Funken, freue mich,
Fühl' mich als würd ich implodieren.

Ich wusste gar nicht, dass so ein Gefühlszustand
überhaupt existiert,
Dass es noch etwas anderes gibt als deprimiert
Und dass dieses Gefühl mich so krass berührt,
Dass es mich durch so neue Landschaften führt.
Ich freu mich so, dass man es spürt,
Dass ich es spüre, spüren kann,
Denn ich war so taub, so lang.

Weil am Anfang ist mein Gefühl meistens Angst,
Welches mir sagt, dass du das nicht kannst.
Und was mich oft daran hindert überhaupt zu beginnen,
Denn ich bin so unsicher von innen.

Aber davon lass ich mich jetzt nicht unterkriegen,
Ich werde mir selbst jetzt nicht unterliegen,
Denn gerade könnt ich laufen, rennen, fliegen!
Hab die Energie zum Denken-wieder-gerade-biegen.

Und so leuchte ich in mir drinnen,
Die Funken wollen den Weg nach draußen finden.
Um andere damit anzustecken,
Lebensgeister zu erwecken!!!

<u>Wimpernwünsche</u>
Wimpernwünsche in den Wind
Windig wünschen Menschen
Wendig fliegt sie und bestimmt
Wimpernwünschemenschen

Sam
Als ich auf der Gruppe wohnte
warst du eigentlich immer da,
und das hat mir sehr geholfen,
mehr zu sein, wie ich war.

Dich zu streicheln war beruhigend,
Deine feuchte Schnauze frech,
Dein treuer Blick war überzeugend,
Deine liebe Art war echt!

Ich hab mich immer so gefreut,
das Klackern deiner Krallen zu hören,
wie du einen beschnupperst, wenn man kommt,
hatte man nie das Gefühl zu stören.

Manchmal wurdest du vergessen,
als die Übergabe war,
dann hast du vorm Büro gesessen
und es war keiner für dich da.

Wenn ich dann in die Küche ging,
hast du dich immer so gefreut,
sich dann Zeit für dich zu nehmen,
hab ich eigentlich nie bereut.

Wenn du allein im Büro warten musstest,
war das Türenöffnen nicht schwer,
meistens war auf der Gruppe mehr los,
wie du wusstest und wir fragten uns:
"Wo kommst du denn jetzt her?"

Und meistens warst du recht entspannt
und chilltest oft auf deinem Stuhl.
Dein Divablick war uns bekannt,
wir wissen alle: Sam ist cool!!!

Doch kaum war dein Frauchen einmal weg,
da konntest du ja gar nichts für,
dann schnupperst du in jedem Eck
und lagst dann wartend vor der Tür.

Wenn dann noch immer nichts geschah,
dann tigerst du durch alle Zimmer
und wenn man dich mal suchen musste,
in der Küche warst du immer.

Dann musste man wirklich gut aufpassen,
dass du einem nichts stibitzt,
denn wenn es um Futter ging,
warst du schneller als der Blitz.

Diesbezüglich war der Mülleimer
auch ein guter Freund.
Du warst ein Profi ihn zu plündern,
dann war es nicht mehr aufgeräumt...

Deine Beute hast du dann
ganz gerne versteckt.
Irgendwann hab ich auf dem Sofa
eine Zimtschnecke entdeckt.

Doch aß jemand Joghurt oder Quark,
ließt du die Person nicht aus dem Blick,
denn du wusstest ganz genau:
Der Rest im Becher war für dich.

Beim Streicheln war am Popo
immer deine Lieblingsstell'
und nach einer Intensivmassage
war man meistens voller Fell.

Wurde auf der Gruppe mal alles zu viel,
dann ging dein Frauchen mit uns raus.
Oft war der Rhein dann unser Ziel
und dann hielt man es wieder aus.

Doch gab es draußen leider Regen,
bliebst du auf halber Strecke stehn,
dann wolltest du dich nicht bewegen
und wir mussten zurück ins Trockene
gehen.

Dein kluger Blick ließ uns erahnen,
dass in dir ein Professor steckt,
wie du die Dinge analysierst
und wie du dich dann vor ihnen
erschreckst...

Manche Dinge sind für dich,
aber auch einfach nicht von Belang
und allein das hat immer gezeigt:
Sam, du bist ein weiser Mann!

An Weihnachten warst du
der allerbeste SAMta-Claus
und ließt, obwohl du ziemlich schlapp
warst
mit deinem Frauchen bei
„Elve yourselve" die Sau raus.

Und warst du mal untröstlich am Jaulen,
war es schön dein Fell zu kraulen
und umgekehrt aber genauso,
denn war ich innerlich nicht froh,
war ich dankbar wenn du da warst,
einfach weil du Samboy warst!

Ich will, dass das in meiner Erinnerung
bleibt,
DANKE für die schöne Zeit!

Mein Schneckenhaus
Es sieht gerade wieder furchtbar aus
In meinem kleinen Schneckenhaus,
Denn kaum streck' ich die Fühler aus
Zuck' ich zurück
Verstecke mich
Und wiege mich in Sicherheit.

Aber nur weil ich mich hier drin kenne,
Nicht gegen meine Wände renne,
Das was ich hab, ganz klar benenne
Und keine Energie verschwende,
Heißt das nicht, dass ich sicher bin.
Ich mein, Bewegung steckt nicht in mir drin,
Wenn ich bloß zusammengesunken dasitze,
Bei dem Gedanken rauszumüssen schon schwitze
Und ertrinke in einer Pfütze
Aus Stillstand
Und versinke langsam
im Treibsand
Meiner eigener Gedanken.

Ich dachte mein Schneckenhaus wird zertreten
Von Menschen, die ich nicht mag
Und achtlos über die Wiese rannten
Auf der mein Schneckenhaus lag.

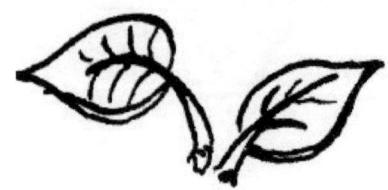

Doch mittler Weile habe ich vieles gelernt
Und wenn etwas wirklich weit entfernt
Zu sein
Scheint
Ist es trotzdem wichtig den ersten Schritt zu gehen,
Die Fühler auszustrecken, um die Welt anzusehen.
Und auch zu versuchen mehr zu verstehen,
Als nur sich selber
In seinem Häuschen,
Denn manchmal braucht man auch einfach
ein „Zeit-mit-sich-selber-Päuschen"
Und eigentlich bin ich doch die, die entscheidet
Ob sie lieber lebt oder leidet.
Das Negative sieht oder sich an der Farbenpracht weidet.
Denn ich bin es, die gehen muss
Und nur ich kann was verändern
Und wenn ich mich bewege,
Fühlt sich das anfangs total fremd an.

Ist ja auch klar, die Welt ist groß und ich bin ziemlich klein,
Aber daran soll es doch nicht scheitern, ein freier Mensch zu
sein.

Und so sieht es halt gerade furchtbar aus
In meinem kleinen Schneckenhaus
Aber ich kann das ja ändern!
Und strecke ich die Fühler aus
Ist das vielleicht noch etwas zaghaft,
Doch ich weiß, dass mich das stark macht
Und ich krieche mutig voran!

Aus Floskeln wird Bedeutung
Du tust so, als wäre nichts,
als wär' alles normal, wenn du mit mir sprichst.
Du guckst mich an und gleichzeitig an mir vorbei.
Du bist so wie jeder andere, du merkst nicht, dass ich schrei!

Du redest über die banalsten Sachen,
tust über Kleinigkeiten lachen,
verstehst nicht, dass ich das nicht kann.
Traust dich nicht näher an mich ran!

Dabei mussten wir so viel gemeinsam durchstehen,
denn wir beide konnten nicht einfach wegsehen
und ich versteh nicht, wieso du ihr helfen konntest,
aber vor meinen Problemen wegranntest.

Du tust so, als wäre nichts,
als wäre alles normal, wenn du mit mir sprichst,
während du versuchst dein Glück zu verbreiten
und nicht siehst, wie sehr du mich verletzt,
ignorierst du mein Problem,
also ignorierst du auch mich!

Mittlerweile sehe ich vieles anders,
du hast mich nie ignoriert, sagtest zu mir bloß „ich kann das"
Es ging dir nicht darum, wegzureden, was schwierig war.
Du wolltest mir auch das Schöne zeigen, das ist mir jetzt klar.
Und ich glaube schon, du hast manchmal Angst gehabt
und mit dem Blick auf das Schöne hat es für dich besser geklappt
und bestimmt war es dann leichter zu ertragen,
als den Sinn zu hinterfragen.

Mir war das damals nicht möglich zu sehen
und deinen Umgang mit mir zu verstehen.
Ich habe das Schöne einfach nicht gefühlt.
Deine positive Art hat mich aufgewühlt.

Ich dachte, ich gehe verloren und das hat mich verletzt
und jetzt kann ich aber sehen: Du hast mich die ganze Zeit wertgeschätzt.
Denn eine Freundschaft, die auf Problemen basiert
führt doch nur dazu, dass man sich am Ende verliert.
Um das zu verstehen, musste ich mich erst entscheiden,
aber ich weiß jetzt sicher: ich will am Leben bleiben.
Und ich spüre, wie schön es ist positiv zu denken,
man kann seine Gedanken ja selber lenken.
Und du hast das irgendwie früher verstanden
und dass auch du mir das zeigtest, dafür möchte ich dir danken!
Ich weiß, du wolltest immer leben,
und ich werde mein Bestes tun, um das weiterzugeben!

Dem Mut auf der Spur

Mir ging es nicht gut eine sehr lange Zeit,
Und so machte ich mich eines Tages bereit
Für die Reise, auf der ich den Mut finden wollte,
Denn ich fand, dass die Angst nicht mein Leben bestimmen sollte.

Zaghaft machte ich mich auf den Weg,
Habe mir selber oft Steine in den Weg gelegt.
Wäre dann gerne einfach umgekehrt,
Doch ich ließ mich leiten, habe mich nicht gewehrt.
Dann wurde ich auch öfters mal geschubst,
Aber ich gebe ja zu, es hat was genutzt.

Denn auf der Reise den Mut zu finden,
Musste ich mich so oft überwinden,
Doch habe ich immer mehr gemerkt,
Wie sehr mich die Überwindung bestärkt.

Natürlich war ich die ganze Zeit wachsam,
Denn ich war ja auf der Suche nach dem Mut
Und ich fragte mich insgeheim: „Wie macht man,
dass er einem folgen tut?"

Aber ich schob die Zweifel beiseite, ging weiter,
Ignorierte die Angst, denn das schien mir gescheiter.
Und ich ging über Wiesen, ging über Felder,
Wanderte über Berge, durch Wälder.
Schwitzte bei Hitze,
Der Wind war eisig kalt.
Ich sah nur den Schatten meiner Gestalt.

Und ich hatte das Gefühl, es geht nur noch bergauf
Und ich hatte Angst zu fallen sobald ich verschnauf'.
Aber ich merkte auch, wie ich nicht mehr so viel denken musst'
Und dadurch wurde mir immer stärker bewusst,
Was ich brauchte und was ich fühlte-
Eine neue Sicherheit, die mich umhüllte.

Und so konzentrierte ich mich wieder auf den Weg,
Aber vom Mut keine Spur.
Vielleicht fand ihn jemand anders und ich war zu spät,
Wo steckt dieser Mut denn nur?

Und ich spürte meine schmerzenden Glieder
Und ich beschloss eine Pause zu machen.
Ich bin sehr weit oben, blicke hinab
Und muss plötzlich innerlich lachen.

Ich sehe den Weg, den ich gegangen bin
Mit all seinen Schluchten und Steinen.
Ich begreife, der Mut, der ist in mir drin
Und ich fange an zu weinen.

Ich hatte so Angst vor dem ersten Schritt
Und ich habe ihn trotzdem gemacht,
Dass das auch ein bisschen mutig ist,
Habe ich gar nicht bedacht!

Dein Abdruck
Viele Berührungen
Auf der Haut
Im Herz
Ein ganz besonderer Fingerabdruck

So nah waren wir
Vertraut
und verliebt
So fremd sind wir uns geworden.

Es ist unglaublich,
Dass es solche Gefühle gibt
Doch so nah war gestern
- noch fremder ist morgen.

Es ist doch alles so schön gewesen
Und um wie beim Memory die Karten zu lesen,
Gibt es doch immer zwei, die zusammengehören,
So wie wir, aber nur auf Zeit,
Weil wir uns immer noch selber zerstören.

In uns bleibt der gemeinsame Weg,
Der nun in andere Richtungen geht.
Aber dieser Abdruck vom Finger,
Dieser ganz Besondere,
Der bleib in meinem Herz,
Auf der Haut,
Der bleibt da für immer
Hoffnungsschimmer
Und ich passe gut darauf auf.

Mein Klavier
Mein Klavier
Mein Zuhause
Mein sicherer Ort
Das Klavier und ich, ein Wir
Eine Pause
Wir spielten uns fort
Aus dem Alltag
Dem monotonen,
Der eine dunkle Gestalt hat,
Dunkle Emotionen
Die Tasten drücken
Im Takt
Geben mir Schutz
Lernte aus vielen Stücken
Ganz unbewusst
Konnte Gefühle, die wir nicht hatten
Mit meinem Klavier wieder spüren.
Ich war etwas mehr, nicht nur ein Schatten,
Nur mein Klavier konnte mich so berühren
Auf einer Welle aus Zauberei,
Fingersätzen und Melodien,
Verstummte mein inneres Geschrei
Und ich ließ die Gedanken ziehen.
Mein Klavier gab mir eine Stimme
Hoffnung und Gefühl
Habe ich gespielt
Hielt vielleicht jemand inne,
Vielleicht weil es nach außen gefiel.
Nur mein Klavier konnte mir helfen,
Aber kein Mensch um mich herum.
Niemand hat mich richtig gesehen,
Ohne Klavier war ich stumm.
Mein Klavier
Mein Zuhause
Mein sicherer Ort
Hat mich gerettet
Mir Leben
Gegeben
Jeder Ton
Ein Wort

Laufen lernen
Vorsichtig wage ich einen Schritt,
Mein Körper will nicht so gerne mit,
Doch der Wille zieht ihn hinter sich her.
Der erste Schritt ist unglaublich schwer.

Dann ziehe ich mein anderes Bein nach vorn,
Der Körper denkt noch, er hätte verloren,
Doch mein Kopf weiß, dass es mir besser geht
wieder,
Aber beim Laufen schmerzen mir noch die Glieder

Vorsichtig setzte ich auf erst die Zehen,
Rolle den Fuß ab, um weiter zu gehen.
Ich wackele noch etwas, doch ich falle nicht um
Und für den dritten Schritt hol' ich jetzt Schwung

Diesmal macht mein Bein schon mit.
Der Fuß wackelt nicht als er auftritt,
Dann kommt das andere Bein hinter her,
Schritt für Schritt ist nicht mehr so schwer

Etwas eckig und unkoordiniert
Hat sich mein Laufschritt wieder stabilisiert,
Aber ich denke immer nur einen Schritt voraus,
Denn sonst käme ich aus dem Takt wieder raus.

So bin ich sicher und ich hebe den Blick,
Ich möchte nie mehr nach früher zurück!

An meinen Körper
Was habe ich dir nur angetan?
Wie konnte das passieren?
Ich habe dir so sehr wehgetan
Du konntest nicht mehr spüren.

Ich habe dich so oft verletzt,
Zerschnitten und geschlagen,
Jetzt bin ich geradezu entsetzt,
Wie konnte ich das wagen?!

Du gabst mir die Kraft zum Leben
Und du gabst nie auf
So viele Wunden, so viele Narben,
In meinem Lebenslauf.

Und trotzdem atmest du immer weiter,
Obwohl ich dich so quälte,
Mein einzig ewiger Begleiter,
du, der auf mich zählte.

Ich möchte mich entschuldigen
Für all das, was ich Schlimmes tat
Und dir danken für deine geduldigen
Zellen, deine geduldige Art.

Du bist mein Zuhause,
Mein Herz schlägt in deiner Brust,
Du bist mein Vertrauter,
Schenkst mir Lebenslust.

Ich möchte gerne Frieden schließen
Mit dir und was du bist.
Das wir die Zeit zusammen genießen,
Weil sie wertvoll ist!

Trennung
So vertraut und doch so fremd,
Obwohl man sich doch eigentlich kennt.
Aber unsere Wege haben sich entzweigt.
Die Erinnerung ist das, was übrig bleibt.

So vertraut und doch so fremd,
Sind wir nun selbst beim Sprechen gehemmt.
Wenn wir miteinander reden in wackeligem Ton
Ist es eine unangenehme Situation.

So vertraut und doch so fremd,
Sind wir unsicher, verklemmt
Und wenn wir mit anderen zusammen schweigen,
Weiß ich, dass wir beide leiden.
Denn die Sehnsucht, die ist immer noch da,
Unabhängig von dem, was war.
Die Sehnsucht nach Geborgenheit,
Nach vertrauter Zweisamkeit.

Wir haben uns nicht gestritten,
Wir haben uns bloß verändert,
Wir haben in uns selbst die Richtung geändert.

So fremd und gleichzeitig so vertraut,
Haben wir aufeinander aufgebaut.
Doch der Turm fiel zusammen, er stürzte ein
Und jetzt ist jeder für sich allein.

So fremd und gleichzeitig so vertraut
Ich bin von innen eingestaubt.
Wir taten uns nur gegenseitig schaden,
Indem wir uns selber verletzt haben.

So vertraut und doch so fremd,
Wir hatten kein sicheres Fundament
Und auch wenn ich es noch so ungern schreibe,
Ist es so wichtig für uns beide:
Erst sich selber lieben und dann den anderen,
Denn nur dann kann man zu zweit neu anfangen!

Abzweigungen
Plötzlich ist so vieles anders
Wir reden verschieden
Verstehen uns nicht.

Wir verstehen nur vom Verstand, dass
Wir uns immer noch lieben
Doch der Satz, der zerbricht.

Ich seh die Liebe
Mit Verstand
Aber ohne das Gefühl.

Ich weiß, dass ich sie nicht kriege
Keine Hand
Zum Mindestens nicht, wie ich das brauche und will.

Die mich leitet oder führt
Mich begleitet und berührt
Stärkend - voller Zuversicht
Merke, das bekomm ich nicht

Und dadurch ist so vieles anders,
Weil wir so verschieden reden
Und weil wir uns nicht verstehen.

Und ich verstehe nur vom Verstand, dass
Wir nicht mehr zusammen leben
Auseinandergehen.

Das macht mir Angst,
Doch ich weiß auch, dass es mich stärkt
Und doch wünscht' ich manchmal,
Ich hätt' es nicht bemerkt.

V.

Du lebst und lachst und steckst mich an
Mit deinem fröhlichen Gesang
Mit deinem Rhythmus, deinem Takt.
Es geht dir gut, hast du gesagt.
Es ist wie eine Medizin
Für mich und all die anderen.
So war es doch kaum absehbar,
Dass dir das Leben wunderbar
Leicht fallen kann
Und damit steckst du mich nun an.
Denn als wir uns kennenlernten, ging es dir schlecht
Und hast du gelacht, war das meistens nicht echt.
Weil es kam nicht aus deinem Herzen,
Eine Zeit voller Gedankenschmerzen.
Und jetzt hast du mich kontaktiert,
Nach so viel Zeit ist viel passiert.
Nun hör ich das Leben in deinen Worten,
Und auch wenn wir an ganz verschiedenen Orten,
Gelernt haben wieder Mut zu fassen,
Im Leben wieder Fuß zu fassen
Freu ich mich so über deine Stimme,
Du klingst so glücklich, wie ich finde.
Du bist wieder ins Leben getaucht,
Du hast eben etwas Zeit gebraucht
Und klar ist nicht immer alles gut
Doch wir haben gelernt nicht den Mut
Zu verlieren
Und es noch einmal zu probieren
Und so erfrischst du mich nun mit deinen Worten
Und wir sind an ganz verschiedenen Orten,
Aber trotzdem sind wir verbunden,
Wir haben die Lebensfreude wieder gefunden!

<u>Das Genießer ABC</u>

Wir machen eine kleine Reise
Schwingen die Flügel und starten ganz leise.
Denn manchmal tut das Leben weh,
Vielleicht hilft das Genießer ABC.

A tmen ruhig, um anzukommen
B ewusstsein gewonnen
C harismatisch sein
D as Glück ein Mosaik aus kleinen Steinen
E inen Schritt weitergehen
F reunden in die Augen sehen
G efühle wahrnehmen, erlauben
H erzenswärme, an sich glauben
I ns kalte Wasser springen auch
J etzt ist der Zeitpunkt, den man braucht
K lettern, sicher, aber weiter
L aternen, Lichter, Lebensgeister
M alen und Momente teilen
N ostalgisch in Gedanken schweigen
O hren auf und einfach lauschen
P flanzen gießen, Meeresrauschen
Q uatsch machen, bis vor Lachen der Bauch wehtut
R eden tut der Seele gut
S eilchen springen mit dem Leben
T anzen, sich im Takt bewegen
U nterm Sternenhimmel schlafen
V ielleicht alles viel leichter werden lassen
W einen muss auch manchmal sein
X -trem, dann wird der Kopf mal frei
Y oga, Seifenblasen blasen
Z uhause die Seele baumeln lassen

Angst
Schritt für Schritt
Spüre den Boden
Spüre die Angst und den Wind.

Die Angst macht mich schwer,
Doch ich nehme sie mit,
Weil wir irgendwie auch Freunde sind.

Und da ist dieser Schutz,
Dieser Schutz aus Musik,
Der mich eint mit der Natur
Und die Angst, die mich packt
Und die Angst, die mich kriegt,
Findet Ruhe auf weiter Flur.

Ich umarme sie innig,
Der Moment ist so stimmig,
Das habe ich selten erlebt.

Die Angst ist die Schwere,
Für die ich gerad so dankbar bin,
Weil sie mich so sehr bewegt.

Schritt für Schritt
Spüre den Boden
Spüre die Angst und den Wind.

Die Schwere der Angst,
Erdet mich, gibt mir Halt,
Weil wir irgendwie auch Freunde sind.

Genug

Genug zu sein ist gar nicht so leicht,
Wenn man das Gefühl hat, dass man selber nicht reicht.
Ich kann aber nicht sagen, woran mach' ich das fest.
Ich hab' Angst zu wenig zu werden, wenn man mich lässt.

Es gilt aber die Devise, weniger ist mehr,
Doch isst man wenig, ist man leer.
Der Körper leicht, Gedanken schwer.
Wo kommen die Gedanken her?

Und ich bin nicht die Lücke zwischen meinen Beinen,
Sie ist eine Freundin könnte man meinen,
Doch ein Feind, wenn man sie nicht sehen kann,
Bei jeder Mahlzeit von vorne anfangen.

Immer verlieren mit jedem Biss,
Mit jeder Gabel, die man isst.
Immer diesem schlechten Gewissen trotzen,
Nach dem Essen gedankenkotzen.

So viel Scham ist mit der Thematik verbunden,
Ich habe noch keine Mitte gefunden.
Ein ständiges Mit-sich-selber-Ringen.
Ein Kraftakt sich in die Grenzen zu zwingen.

Ich breche aber zu oft aus,
Drüber sprechen halt ich nicht aus.
Ein Zerren in entgegengesetzte Richtungen
Verlangen und Verzichtungen.

Und so ist genug zu sein einfach nicht leicht,
Wenn man das Gefühl hat, dass man einfach nichts erreicht.
Der Wunsch zwischen Essen und Gewicht,
Vereinbart sich nicht!

Schreiben
Worte fließen aus mir heraus
Bringen die Emotionen in Form.
So halte ich diese wieder besser aus,
Bleibe ich standhaft im Sturm.

Ich habe vergessen, wie gut es tut
Über Gefühle zu schreiben.
Mir fehlt die Kraft und der Stolz und der Mut,
Um glücklich lebendig zu bleiben.

Ein Weg aus meinem Gefängnis
Steht jetzt auf diesem Papier.
Es tut weh und doch verdrängt es
Den Leidensdruck in mir.

Schri schra schreiben - ich will am Leben bleiben

Wunden
Um Wunden kann man sich kümmern,
Man kann sie verbinden und pflegen
Und Emotionen, die verkümmern,
Getrost zur Seite legen.

Über Wunden kann man reden
Und Bluten, das hört wieder auf.
Man kann ein Pflaster drüber kleben,
Das beschleunigt den Heilungsverlauf.

Mit Wunden kann man leben,
Sie geben den Schmerzen ein Bild.
Sie können dem einen Ausdruck geben,
Und zeigen, wie man sich fühlt.

Und Wunden verheilen auch wieder,
Lassen vielleicht eine Narbe zurück.
Vergänglicher Schmerz - ein Hoffnungsschimmer
Und man sieht es geht wieder vorbei Stück für Stück.

Verloren gegangen
Sie wartet auf ein Gespräch,
Sie möchte so dringend sprechen,
Weil sie es kaum erträgt
Ihr Leben abzubrechen

Sie wartet schon so lang,
Doch niemand schenkt ihr ein Ohr,
Vergessen ist der Klang
Ihrer Stimme - sie verlor.

Jetzt hört man nur ein lautes Schweigen,
Das keiner versteht.
Man sieht nur ein stummes Leiden
Und hofft, dass es vergeht.

Doch wie soll das funktionieren,
Wenn keiner mit ihr spricht?
Zuhören müssten wir probieren,
Sonst versteht man nicht.

Was sie uns sagen will
Und was sie bewegt,
Denn was sie uns fragt so still
Ist, wie man lebt.

Wiedergefunden
Ich bin nicht allein,
Auch wenn es sich manchmal so anfühlt,
Bin gar nicht sooo klein,
Obwohl es mich manchmal so aufwühlt.

Hab Unterstützung
Und dafür bin ich so dankbar,
Hab Hilfe und Schutz und
Hab einen Anker.

Jemanden zum Reden
Und jemanden, der da ist.
Support beim Leben,
reflektieren, was wahr ist.

Und fühl' ich mich allein,
Ist das schon ok.
Und ich bin gar nicht so klein,
Wenn ich das versteh

(Es fällt mir schwer das zu schreiben,
Denn ich muss doch klein bleiben.
Hab Angst vor falschem Licht,
Denn so bin ich nicht)

Für meine Eltern
Ich bin manchmal wütend auf euch
und das ist ok,
Denn euer Verhalten tut mir
manchmal weh.
Manche Sachen sind halt schlimm,
Doch jetzt möchte ich euch sagen,
wofür ich dankbar bin:

Ihr habt mir ein Haus gebaut,
Schutz gegeben, Sicherheit,
Ihr gabt mir die Chance Kind zu sein.
Mit euch als Eltern war ich gerne
klein.

Ihr setztet Grenzen und doch war ich
frei,
Als Kind außen vor und doch mit
dabei.
Mit euch an der Hand fühlte ich mich
groß,
Jetzt bin ich schon älter und lasse los.

Dann später lief nicht alles optimal,
Ich hatte das Gefühl, ich wäre egal,
Doch darum soll es gerade nicht
gehen,
Ich will das Schöne mit euch sehen.

Ich bin dankbar, dass ihr nur das
beste für mich wollt
Und weil ihr das mal hören sollt,
Bin ich dankbar für die Sicherheit,
Dass ihr an meiner Seite bleibt.

Ich bin dankbar für euer Vertrauen,
Für euer Lachen, euer Staunen,
Über all die vielen Sachen,
Die ihr mir möglich macht zu
machen.

Und so lohnt es sich glaub ich, die
Barrieren zu überwinden
Und daran zu arbeiten, dass die
Grenzen verschwinden
Und damit leben zu lernen, was
hinter uns liegt
Und darauf hinzuarbeiten, dass es
weitergeht.

Es geht nicht um Schuld,
Sondern ums Happy End.
Ich glaube, dass man mit Geduld
Das ganze Ding hier stemmt.

Schnee

Schnee -
Verzaubert die Welt
Und verzaubert mich
Während er fällt,
Denke ich nicht.
Ich spüre nur die Flocken in meinem Gesicht.

Höre, wie sie rieseln - leise
Fühle auf besondere Weise
Das, was um mich rum passiert.
Es gewinnt an Bedeutung,
Während das Gefühl in mir drin an jener verliert.

Bin im Außen, kann es kaum fassen,
Schnee - Meine Metapher, um loszulassen.
Fange die Flocken mit meinem Mund,
Kalt ist es zu später Stund'
Der Schnee ganz weiß und trotzdem bunt,
Macht alle Ecken und Kanten rund.

Und so wird es friedlich in mir und um mich herum,
Draußen wird es weiß und die Gedanken werden stumm.
Die Zeit geht etwas langsamer um
Und so tut es nicht mehr so weh
- Schnee

F.
Wir lernten uns kennen, waren beide am Ende,
So fertig vom Leben und total geschlaucht.
Doch im Verlauf nahm es die Wende
Es hat nur etwas Zeit gebraucht.

Doch in dieser lernten wir wieder Leben
Und du hast mir so dabei geholfen
Wieder und wieder alles zu geben
Ich hoffe du bist darauf stolz, denn

Deine Begeisterungsfähigkeit ist einmalig
Und deine Hingabe bei Dingen, die dir Spaß machen
Würd ich mir was wünschen und ich hätte die Wahl, ich
Würde so gerne einfach nur mit dir lachen.

Denn dein schallendes Gelächter
Kommt so tief aus deinem Herzen
Das ist Leben, das ist echt, das
Öffnet Wege, die versperrt sind

Und deine Liebe fürs Detail
Die Achtsamkeit als wir spazierten
Waren für mich so wichtig, weil
Wir uns so beide nicht verirrten

Und auch wenn es manchmal schwer war,
Bin ich so dankbar für die Zeit
Und waren wir zusammen leer, dann
War es glücklicher zu zweit!

Emotionsartist
Schreiben
In der Realität bleiben
Nicht abrutschen
Chililolly lutschen
Igelball benutzen
Seele sauber putzen
Amola Riechstäbchen für alle Fälle
Nicht untergehen in der Emotionswelle
Knete kneten in der Hand
Gehirnflicflacs, Gehirnhandstand
Aufmerksamkeit nach außen lenken
Nicht nur in Gedanken denken
Bewegen, springen, laufen
Etwas Wohltuendes kaufen
Tee oder Kaffee kochen
An beißender Substanz gerochen
Malen, atmen oder singen
Mal kurz unter die Dusche springen
Kaugummi und Gummi flitschen
Kalt Wasser ins Gesichte pitschen
rausgehen, frische Luft genießen
Freunde oder Blumen gießen
Und weil das nicht so einfach ist
Werd ich Emotionsartist

Regen

Draußen regnet es in Strömen,
Genauso wie in meiner Brust.
Das Regentropfgeklopf zwar schön, doch
Wenn Bindung immer reißen muss
Bringt es dann ein Band zu binden,
Um sich dann erneut zu finden
Und dann wieder loszulassen,
Bringt es dann, was anzufassen?

Ich habe eigentlich Vertrauen,
Dass wenn die Menschen sich dann
trauen
Einander wirklich zu begegnen,
Dass es schön sein kann und regnen.

Dass man sich schon wieder trifft,
Wenn die Zeit gekommen ist,
Dass es sich dann irgendwie fügt
Und dass man sich dann wiederkriegt.

Und so regnet es in Strömen
Genauso wie in meiner Brust,
Die Zeit gemeinsam, die war schön, doch
Ich weiß, dass es weitergehen muss.

Freundschaftskirschen
Freundschaftskirsche zeigt mir,
Ich bin nicht allein.
Eine Verbindung zu dir
Und trotzdem würd ich gern weinen.
Zwar vereinen uns die Kirschen
An unseren Ohren,
Doch allein das Gefühl so verloren,
Zu sein
Auf der Welt,
Die mich nicht hält,
Weil nur ich selbst mich halten kann,
Mich heilen kann,
Doch mit der Kirsche zusammen,
verstanden, wenn die Farbe flüstert
Im Spiegel,
Wenn ihr Gewicht uns beschwert
Am Ohr,
Wenn ihre Form sich an uns schmiegt,
Ist da was, das Hoffnung gibt.
Nämlich, dass wir an uns denken,
Denn nicht umsonst schenken
Wir uns eine Stimme
Im positiven Sinne,
Die uns bestärkt,
Wenn man selbst nicht bemerkt,
Wie klein man sich macht
Und viel zu wenig lacht.
Jetzt hängt die Freundschaftskirsche an meinem
Ohr,
Durch die ich die Hoffnung nicht verlor,
Weil sie mir im Spiegel zeigt,
Es gibt immer was, das bleibt.

Lebensdemut

Mein Herz pocht,
Mein Lebensrhythmus
Die Sonne lacht
Und ich denke an dich.

Du bist ein Pfeiler in meinem Leben
Bist stabil und gibst auf dich Acht
Irgendwie ein Vorbild eben
Wir haben viel zusammen gemacht.

Doch jetzt sitz ich still und seh die
Brücke
Von der du gesprungen bist,
Gedankenkreis - Gedankenlücke
Und ich weiß nicht, was es ist.

Das Gefühl...

Vielleicht die Demut vor dem Leben,
Denn es zeigt mir seinen Wert
Als du mir sagtest, dass aufgeben
Einst der einzige Ausweg wär'

Und als du mir sagtest,
du hast es getan
Bist hingefahren und gesprungen
Kam es mit voller Wucht bei mir an
Die Krankheit hatte dich bezwungen.

Überleben war ein Wunder
Und trotzdem fuhrst du mit dem Rad
Im echten Leben gingst du unter,
Weil es kein Verständnis gab.

Es zeigte mir nochmal:
Das Leben so fragil.
Die Grenze ist so schmal
Und bedeutet doch so viel.

Ich bin so fasziniert von deiner Kraft,
Von deiner Art und deinem Leben.
Du hast es wieder hochgeschafft
Und dir eine neue Chance gegeben.

Und jetzt lerne ich von dir
Von deiner Art und deinem Lachen.
Finde etwas mehr zu mir-
Hoff', dass wir noch viel zusammen
machen!

Yeah

Endorphine sprudeln durch mein Blut,
Mit reinem Gewissen - es geht mir gut.
Vieles im Wandel, viel im Prozess
Ein neues Gefühl - positiver Stress
Es motiviert mich, aktiviert,
Habe viel Neues ausprobiert,
Habe wieder erfahren, wie schön Leben sein kann,
Kann Konflikte austragen, von vorne anfangen
Und weitermachen und aus Kampf wird ein Spiel,
Bin so nah am Leben, so nah am Ziel
Und ich jongliere die Bälle der Lebensaufgaben,
Diese Bälle, die dieses Leben nie aufgaben
Und gerade scheint es gar nicht mehr
So schwer
Zu sein
Ich bin nicht mehr allein!

Stand by me
Wie ein Vogel im Wind gleite ich,
Wie eine Mutter ihr Kind - du begleitest mich.
Ich höre das Lied und denke an dich
Und vor meinen Augen seh' ich dein Gesicht.

Es macht mich traurig und glücklich zugleich
Es ist so schwer und auch unglaublich leicht,
Du bist so nah und doch so fern,
Egal, was war - ich hab dich gern!

Und gucke ich so in die Ferne,
Meine ich dich zu verstehen,
Denn echte Freunde sind wie Sterne,
Man kann sie zwar nicht immer sehen,
Aber sie sind immer da,
Das hast du mir einmal geschrieben,
Diese Worte, die sind wahr,
Und die sind mir von dir geblieben.

Am Puls der Zeit

Am Puls der Zeit pocht das Leben jetzt
Unter dem Armband von dir an meinem Handgelenk.
Es behütet den Beweis für mein Lebensgeschenk.
Es gab eine Zeit, da wollte ich genau dieses beenden,
Ich war so in Not, wollte keine Zeit mehr verschwenden.

Machte einen Schnitt am Puls der Zeit,
Ich dachte noch, es tut mir leid!
Blut tropfte meinen Arm hinab,
Ein Glück, dass ich nicht getroffen hab.

Eine Narbe nun versteckt unter deinem Armband
Beschützt
Längst habe ich erkannt, es hätte auch nichts genützt
Ich hätte das Leid nur weitergegeben,
An all die Menschen, die weiterleben.

Und ich bin froh, was mir die Narbe täglich zeigt,
Denn sie ist das, was von damals bleibt.
Ein Mahnmal und ein Lebensgeschenk hat sie mir bereitet,
Weil sie mich für immer im Leben begleitet.

Mehr als die Depression
Dein Lachen verschwindet so schnell vom Gesicht,
Ich hab das Gefühl, du spürst es gar nicht.
Ich hab nicht das Gefühl, dass es dich erreicht,
Wenn dein Lächeln wieder der Taubheit weicht.

Es verschmiert langsam, wie Schminke, die nass wird.
Dein Leuchten verschwindet, während du wieder blass wirst.
Deine Augen werden grau,
Du sackst in dich zusammen
Und während ich mich nicht trau,
Fühlst du dich unverstanden.

Was krallt sich so in deinem Herzen fest,
Mit kaltem Griff halten dich die Schmerzen fest,
Schränken dich ein in deinem Alltag,
Machen dich klein, es ist wie ein Schlag
Ins Gesicht
NICHT!
Es bringt nichts
Nur aushalten
Und das Leben so, wie sonst auch zu gestalten
Und während dein Lächeln langsam verschwindet,
Gibt es aber noch vieWl mehr, was uns verbindet
Und so zeige ich dir einfach: Ich bin da für dich,
Weil die Depression nicht unsere Freundschaft zerbricht.

Familienbaum

Familie, ein zerbrechliches Konstrukt
Verbindung im Herzen, auch wenn man nicht guckt.
Ein zartes Pflänzchen in meiner Welt,
Welches sich gerad aus der Erde schält.

Um Vertrauen wieder zu fassen,
Muss es gegossen
Werden,
Um das Wachstum zu verstärken,
Damit wir sie irgendwie bemerken,
Die Verbindungen, die uns stärken.

Lang war das Pflänzchen nur eine Knolle in der Erde,
Man konnte sie nicht sehen - eine in sich gekehrte
Ein zu verkommender drohender Klumpen,
Den man niemals gefunden
Hätte
Gerettet,
Durch Regen, Sturm und Wind,
Weshalb wir als Knolle gewachsen sind.

Und jetzt ragen die ersten Blätter aus dem Boden
Und durch die Sonne wird es hoffentlich dazu bewogen,
Größer zu werden und vielleicht auch irgendwann zu blühen,
Dass wir aufgehen nach all den Mühen.

Und ich habe die Hoffnung, ich habe den Traum,
Irgendwann im Schutz vom Familienbaum,
Wieder Vertrauen fassen zu können
Und dadurch an Stabilität zu gewinnen.

Und dass ich dieses Konstrukt wirklich in mir spüre,
Auch wenn man nicht guckt, sondern dass ich es halt fühle!

Kleines Korn
Gelernt Prozesse anzustoßen
Ein kleiner Teil von etwas Großem
Kann dafür kämpfen, was zu bewegen
Und der Welt was wiedergeben.

Kann das Gute unterstreichen,
Als kleiner Mensch etwas erreichen
Probleme angehen und verändern
Lösungswege sehen und kennenlernen.

Statt Verdrängung und Vermeidung
Leben ist eine Entscheidung
Und statt sich selber zu verletzten
Sich für das Große ein zusetzten

Kann wie eine Heilung sein
Und ist man als Mensch noch so klein
So ändert doch das kleinster Korn
Vom Gesamtbild Farb' und Form.

Deshalb lass es dir nicht nehmen,
Ohne sich dafür zu schämen
Das zu machen, was du liebst,
Weil du so am meisten gibst!

C.
Scheiße!
Schmerz und fassungslos
Taub und ohnmächtig zugleich
Scheiße!
Was passierte bloß?
Wo bist du jetzt?
Kann man zu verletzt
Sein
Fürs Leben?
Scheiße!
Sprachlos und mächtig,
So wie du halt warst,
Ist gerad das Gefühl,
Welches du in mir hinterlässt
Das Gefühl...
Gewaltig und schwer
Traurig und leer
Dich gibt es nicht mehr.
Dabei hast du so gekämpft,
So viele Kämpfe ausgetragen,
Dass Hinterbliebene sich fragen
Wozu?
Wozu, wenn einen das Leben so zerstört?
Wozu, wenn die Schmerzen überhört werden,
Wenn wir doch sterben?
Deine Verzweiflung ist jetzt ein Teil von mir,
Steht jetzt auf diesem Stück Papier.

Ich kann es kaum greifen, ich kann es nicht fassen
Dich ziehen zu lassen.
Man weiß nicht, was geschehen ist,
Wo du hingegangen bist.
Aber ich glaube, es war deine Entscheidung,
Du nahmst halt eine andere Abzweigung.
Das will ich respektieren,
Auch wenn es so wehtut dich zu verlieren
Und wenigstens bleibt die Erinnerung da,
Denn man kann niemals verändern was war.
Wir hatten eine turbulente Zeit,
Haben sehr viel Leid geteilt
Und aber auch sehr viel gelacht,
Du hast in dir ein Feuer entfacht,
Das manchmal gewärmt hat
Und manchmal zu heiß war,
Weil dann war ich dir zu nah.
So lernte ich meine Grenzen kennen,
Konnte sie endlich mal benennen.
Und jetzt brennt dein Rauch in meinen Augen,
Ich kann es immer noch nicht glauben,
Zieht langsam in dunklen Schwaden von dannen,
Ich würd dich so gern nochmal umarmen!

Corona
Die Welt steht still,
Und ich leider auch
Verliere das Ziel
Sehe nicht, was ich brauch

Es fühlt sich an wie Stagnation,
Denn die Bewegung ist so langsam
Und vielleicht resignier ich schon
Es geht gerad allen so, so sagt man.

Vielleicht bräuchte ich mehr Kontakt
Doch vielleicht ist weniger auch
mehr
Doch wenn man nichts davon hat
Dann ist es wohl doppelt so schwer.

Oder vielleicht bräuchte ich mehr
Struktur
Und mehr Vertrauen in mich selbst
Doch da frage ich mich nur,
wie, wenn du nichts von dir hältst.

Und vielleicht bräuchte ich mehr
Frohsinn,
Um zu genießen, was schon da ist.
Damit ich einfach wieder froh bin
Und realisiere, was mir eigentlich
klar ist:

Nämlich, dass mich so viele tolle
Menschen umgeben,
Und dass ich schon sehr viel erreicht
hab
Und dass es so viele Gründe gibt,
um weiterzuleben
Und dass, obwohl ich es nicht so
leicht hab.

Dass ich gerade neue Kraft tanken
kann,
Um dann daraus erneut zu blühen
Vielleicht ist es ein Neuanfang,
Vielleicht lohnt's sich sich zu be-
mühen.

Und diese Phase durchzuhalten
Und die Leere auszuhalten,
Und das Leben mitzugestalten
Und das Schöne im Gedächtnis zu
behalten

Der Frühling wird kommen
Und die Sonne wieder scheinen
In Gedanken noch verschwommen
Nur Zuversicht kann uns vereinen.

Und so bin ich gerade leer,
Doch ein Schimmer ist erwacht,
Und ist es noch so schwer,
Hab ich genau daran gedacht.

„Der zerbrochene Krug"
"Das Leben ist wie ein Theaterstück"
Wurde mir gesagt.
Ich blicke traurig auf die Worte zurück,
Weil ich noch keine Rolle hab.

„Schauspieler dich einfach selbst
Denn schauspielern ist leichter als leben
Da gibts ein Skript, an was du dich hälst
Es wird dir eine Stimme geben"

Meine Rolle muss ich noch finden,
Doch die Jungs hatten damals schon recht.
Ich muss mich einfach überwinden
Und dann wird die Geschichte echt

Treuer Freund

Ein treuer Freund ist das Papier
Verlier ich mich, find ich zu mir
Wenn es mir möglich ist zu schreiben
Das Papier kann mir so vieles zeigen.

Es war stets ein stummer Begleiter,
Durch das Schreiben machte ich
weiter
So konnte ich mich artikulieren
Und meinen Kopf nochmal neu sor-
tieren.

Es linderte die Seelenschmerzen,
Und hatte ich was auf dem Herzen,
Teilte ich mich schriftlich mit
Entwickelte mich Schritt für Schritt.

Lesen sollte erstmal keiner,
Und helfen tat mir nicht mal einer,
Nur ein leeres, weißes Blatt
Weil nur das Blatt zugehört hat.

Als niemand da war, mich keiner sah,
Was mir längst klar war, da war
keiner da.
Griff ich zurück zu Stift und Papier
Und schrieb nach draußen, was in
mir

So laut schrie und schrieb und
schrieb,
Weil mir nichts anderes übrig blieb.
Auf dem Blatt wurde ich gehört,
Da hab ich niemanden gestört.

Beim Überleben half mir nur das
Schreiben,
Ein Kampf auf dem Papier, doch ich
konnte nur schweigen
Mein Stimme konnte nicht betonen,
Was für Dämonen in mir wohnten.

Mit Stift und Schrift hielt ich sie im
Zaum
Fanden auf dem Papier ihren Raum.
Sodass sie mich nicht komplett zer-
fleischten,
Während sie schrill und teuflisch
kreischten.

Die Dämonen sind jetzt ruhig
Und manchmal les ich zwischen-
durch
Die Texte, die ich früher schrieb,
Weil das von damals übrig blieb

Das Schreiben war mein Rettungs-
ring
Als ich im Leben unterging
Mein Lebensretter das Papier,
Denn ohne das, wär ich nicht hier.

Answering honestly
„Have you ever thought about suicide?"
Damals war ich noch nicht so weit
Es in diesem Moment mit ihr zu teilen.
Meine Antwort lautete
„NO"

Niemand hatte mich das bis dahin jemals gefragt,
Und ich habe es nie jemandem gesagt,
Dass die Gedanken eigentlich permanent in meinem Kopf kreisten
Vom suicide handelten die meisten.

Später in der Klinik wurde die Frage dann oft gestellt,
Allerdings hätte sich das einzugestehen meine Welt auf den Kopf gestellt,
Und die Gedanken waren so permanent,
Dass ich dachte sie seien normal.

Deshalb verneinte ich diese Frage immer,
Das machte die Gedanken wahrscheinlich nur schlimmer.
Und so kämpfte ich mit ihnen allein
Während ich verzweifelt versuchte zu sein.

„Have you ever thought about suicide?"
Sie stellte mir die Frage am nächsten Tag nochmal,
Ich war zwar immer noch nicht bereit,
Und ich dachte eigentlich, es ist doch egal.

Aber die Besorgnis in ihren Augen,
Die Art, wie sie fragte und ihr Vertrauen.
Machten mir es möglich über meinen Schatten zu springen.
Meine Antwort lautete
„…Yes"

Narben
Viele Blicke
Betretenes Schweigen,
Kostet Überwindung die Narben zu zeigen.
Nackte Arme
Fühl mich entblößt,
Weil es unter anderem Stress auslöst
Zu wissen, die Narben werden gesehen,
Andere können nur theoretisch verstehen
Dass eine Wunde nun verheilt ist
Doch was im Grunde die Mehrheit vergisst,
Hinter jeder Narbe steckt eine Geschichte,
Die ich aber nicht gerne berichte
Weil das ist mein wundester Punkt,
Jede Narbe hat einen Grund.
Und trotzdem habt ihr die Möglichkeit zu bewerten,
Die Verletzlichkeiten, die sich in mir verbergen.
Man kann sie deuten und vielleicht schüchtern sie ein
Mit Narben ist man erstmal allein.
Narben verursachen Gefühle
Zeigen Verletzungen auf äußerer Hülle
Anderen Menschen fällt es schwer mit dir umzugehen,
Wenn sie erstmal nur die Narben sehen.
Vielleicht sind sie dann voreingenommen,
Oder denken, sie haben das Recht eine Antwort zu bekommen,
Auf die Frage wie hast du dich verletzt
Mit Narben wird man oft unterschätzt.
Aber im Prinzip zeigen die Narben,
Dass Menschen wunde Punkte haben,
Und das versuchen Menschen manchmal krampfhaft zu verstecken
Aus Angst mit wunden Punkten in der Gesellschaft anzuecken.
Denn Narben zeigen Grenzen und man muss doch funktionieren
In dem System in dem wir leben, gehts ums Gewinnen und Verlieren.
Ausgeliefert in einer wunden Welt,
Die doch nur noch durch die Narben hält
Verliert man sich selber und traut sich nicht die Narben zu zeigen,
Und wenn doch, erntet man betretenes Schweigen.
Die Narbe ein Symptom des Lebens,
Überdeckt man doch vergebens.
Und dass etwas nicht mit dem System stimmen kann,
Kann man sehen und merkt man daran,
Wenn ich zum Beispiel meine Arme zeige
Und dann zusammen mit den Menschen schweige

Weil die Scham mich sprachlos werden lässt
Vielleicht bin ich auch mit Narben noch verletzt.
Von der Gesellschaft und ihr Umgang mit mir
Weil ich mit Narben den Schutz der Unscheinbarkeit verlier.
Und die Gesellschaft funktioniert so nicht für mich,
Weil sie nach und nach die Menschen zerbricht.
Das ist wahrscheinlich was, das man kaum verändern kann,
Also fange ich mit meiner Sichtweise an,
Und dann wird aus der Narbe plötzlich eine Stärke,
Weil ich was besonderes bin und das endlich merke,
Und ich hab ja einen Einfluss darauf, wie ich nach außen bin,
Und wenn ich ins Gespräch gehe, sind Narben nicht mehr schlimm.
Jede Narbe erfüllt auch einen Sinn,
Auf mir steht nämlich Mensch, und in mir ist auch Mensch drin.
Das System hat mich geschwächt,
Jede Narbe aber echt.
Hat mir gezeigt, was ich nicht will
Ich werde laut, bin nicht mehr still.
Weil eigentlich kann das doch nicht sein
So viele Menschen und doch jeder allein,
Was auch die Selbstverletzung zeigt,
Symptome, über die man schweigt.
Dann kann da doch etwas nicht stimmen,
Wir brauchen Veränderung von innen!

Spiegelübung
Ein silber reflektierendes Bild - ein Spiegel
Unschuldig, zerbrechlich erfüllt
Er die Erwartung, mit der man in ihn schaut
Anfangs sehe ich mich und es graut
Mir davor mir in die Augen zu gucken
Doch ich gebe mir einen Ruck, denn
Vielleicht fühl ich mich in dem Bild etwas dick
Vielleicht fühl ich mich nicht besonders schick
Vielleicht sind meine Haare zerzaust
Doch es kommt voll drauf an, wie du auf dich schaust.

Und so trete ich einen Schritt zurück
Gucke mich an, es verändert sich der Blick
Es verändert sich das Bild
Und unschuldig, zerbrechlich erfüllt
Er die Erwartung, mit der ich in ihn schaue
Und weil ich mich dann traue
Stelle ich fest, meine Augen sind schön,
Können so viele Dinge nun sehen.
Wie zum Beispiel, dass mir mein Oberteil steht
Und dass man sieht, dass ich gerne leb.
Und dann stelle ich fest, ich bin gar nicht so dick
Und trotz zerzauster Haare, bin ich irgendwie schick.
Mein Stand ist sicher und nicht mehr so schüchtern
Bewerte ich nicht, sondern sehe ich ganz nüchtern.

Dann soll ich noch etwas liebevolles sagen,
Mir selbst ins Gesicht, dafür Verantwortung tragen.
Die nächste Challenge, gar nicht so einfach,
Doch ich versuche locker zu werden, indem ich erstmal lach.
Und dann verändert sich das Bild,
Unschuldig, zerbrechlich erfüllt,
Der Spiegel die Erwartung, mit der ich in ihn schaue.
Und dann sag ich was, nämlich weil ich an mich glaube!
Ich mag mich, sage ich leise,
Es ist schwer, es anzunehmen, doch die Art und Weise
Mit der ich mir dabei in die Augen sehe,
Helfen mir, dass ich den Satz besser verstehe.

Eine Stimme flüstert in mein Ohr, jetzt noch mal etwas lauter
Und ich stelle mir einfach vor, dass der Spiegel es mir erlaubt, er
Zeigt mir, dass nichts schlimmes passiert,
Obwohl ich den Satz sagte, war er nicht irritiert.
Und dann verändert sich das Bild,
unschuldig, zerbrechlich erfüllt
Der Spiegel, die Erwartung, mit der ich in ihn schaue
Ich sag „ ich mag mich" lauter, weil ich nämlich dran glaube.
Und jetzt sehe ich, meine Beine, die sind schön
egal, ob sie dick sind oder dünn,
Und mir fällt ein bisschen auf, dass ich zitter',
Vor Aufregung, weil der Spiegel nicht splittert
Und ich sehe meine Figur
Ohne Bewertung registriere ich nur,
Dass diese gut in diese Welt passt,
Ich bin ein Mensch und ich hab einen Platz.

Und das zu begreifen nur durch den Prozess,
Weil man mich länger in den Spiegel blicken lässt,
Ist so wertvoll, so ein Riesengewinn,
Weil ich jetzt wieder etwas sicherer bin.
Und vielleicht verändert sich das Bild wieder, je nachdem wie man schaut,
unschuldig, zerbrechlich erfüllt es sich, woran man glaubt.
Das Bild im Spiegel, jedoch von außen immer schön,
Und dieser Schein kann auch nach innen gehen.

Secret mission
Ich will mich selber positiv bestärken,
Aber so, dass andere es nicht bemerken,
Und so baue ich Sätze in meinen Alltag,
Die undercover bedeuten, dass ich mich mag.

Das fällt mir schwer und ist eine Bürde,
Doch trotz allem nehm ich die Hürde
Und behandle mich selber mit Würde
Da sonst etwas in mir stürbe.

Denn ich bin mein wichtigster Mensch im Leben,
Genauso wie anderen muss ich auch mir all das geben,
Was ich brauche, damit es mir gut gehen kann,
Denn erst dann fängt man richtig zu leben an.

Und dann stelle ich fest, jeder soll es hören,
Egal ob andere sich daran stören,
Weil ich möchte ja nicht, dass die Scham mich kontrolliert,
Die mir sagt, dass das alles nur leise passiert.

Deswegen sage ich es jetzt laut,
Weil wenn man sich das traut, dann eher dran glaubt:
Ich hab mich lieb und bin gut, so wie ich bin,
Einmal gesagt, ist es nicht mehr so schlimm.
Und ich hoffe das dringt auch bald nach innen.

Dein bester Tag
Heute ist dein bester Tag, um dir selbst zu verzeihen,
Damals warst du einfach klein.
Du warst überfordert, hast es nicht besser gewusst.
Du warst pflichtbewusst und dachtest, dass du helfen musst.

Dabei oblag dies nicht deiner Verantwortung,
Du warst damals doch viel zu jung,
Um irgendwen zu retten oder ihm zu zeigen, wie man lebt,
Man kann tief fallen, wenn man nur lang genug gräbt.

Drum versuche dir heute zu verzeihen,
Denn heute bist du nicht mehr klein.
Du kannst die Verantwortung übernehmen für dich,
Für jemand anderen musst du das nicht.

Heute ist der beste Tag, um zu beginnen
Und endlich Frieden zu finden von innen.
Lass endlich los und trau dich zu leben,
Du hast so unendlich viel zu geben.

(Über)Leben
Es ist acht Uhr
Ich stehe auf
Heute ist der Tag, an dem ich ins Krankenhaus komme.
Die Sonne lacht unschuldig, so wie an jedem anderen Tag
auch.
Aber es ist kein Tag wie jeder andere.
Mit geht es schlecht.
Hab keine Hoffnung, kein Vertrauen,
Kein Gefühl mehr
Leer
Ich bin 17 Jahre jung
Fast noch ein Kind
Und trotzdem hat mich das Leben schon gebrochen.
Der Kampf - ist verloren
Die Scham - sie vergeht
Bekomme Medikamente
Aber niemand versteht
Meinen Schmerz
Bin allein
in der Blase.
Gefangen
In mir selber.
Bin ein Nichts -
Atme und bin trotzdem tot
Feine Schnitte zieren meine Arme
zeigen, dass ich doch noch lebe.
Symbolisieren die klaffenden Wunden in meinem Herzen.

Es ist halb neun.
Ich bin allein.
Fast 18 Jahre jung.
Fast erwachsen.
Bin wieder zuhause,
Wurde entlassen
Zurück in meiner Blase.
Zurück in meinem Gefängnis.
Zum Schutz werde ich klein,
Verstecke meine Not
Nehme Medikamente
Der Kampf - geht weiter
Die Wut - wird vergehen.
Niemand macht mich tot,
Niemand wird verstehen
In welchen Abgründen ich mich rumtreibe
Welche Gefechte ich austrage
Mit mir selber
Verzweifelt
Und machtlos
Lasse ich los.
Lasse mich los.
Gebe auf...

Es ist neun Uhr
Ich bin umgezogen
Fast 19 Jahre alt.
Habe mich eingelebt
Neue Menschen kennengelernt-
Mich geöffnet für ein neues Leben.
Mich eingelassen
Werde an die Hand genommen.
Der Kampf geht weiter
Bin wieder aufgestanden
Die Scham ist noch da,
Die Wut auch,
Aber ich bekomme jetzt, was ich brauch.
Lerne zu lachen
Lerne zu leben.
Bekomme die Kontrolle zurück.
Lerne Verantwortung zu übernehmen
Für mich, mein Verhalten, mein Leben
Die Wunden tun noch weh,
Aber ich kümmere mich um den Schmerz,
Verbinde ihn und pflege mich
Narben zieren meine Arme,
Verschwinden nicht,
Nur weil es besser wird.
zeigen, ich habe gekämpft
zeigen, dass ich überlebt habe
Und weitermachen will.

Es ist 18 Uhr
Ich bin 24 Jahre alt
Langsam geht die Sonne unter,
Setzt die Dämmerung ein.
Ich hole ein Buch aus meinem Jutebeutel,
Einen Kampf gewonnen
Der Blase entronnen.
Ich selber bin nicht mehr mein Gefängnis.
Schlage das Buch auf
- Der Weg zu mir -
Erhebe meine Stimme.
Vertraute Menschen blicken mich an.
Lauschen meinen Worten.
Meinem Kampf, meinem Überleben.
Bringen Wertschätzung entgegen.
Die Scham ist noch da,
Genau wie die Wut,
Doch ich kann wieder Freude spüren.
Aus meinem Herzen heraus lachen.
Kann über Abgründe berichten
Mir selbst und anderen Hoffnung machen.
Es geht weiter,
Immer,
Mit mir und ohne mich
So schnell gebe ich nicht auf.
Bin stärker, als ich denk'
Und lebe!

Metamorphose

Es gab eine Zeit, da konnte niemand für mich sorgen,
Gefangen in Vergangenem und doch zitternd vor morgen
Kämpfte ich allein und sehnte mich doch so sehr
Nach jemandem der da war, doch war es viel zu schwer,
Beziehungen aufzubauen
Und sich dann noch zu trauen
Die ganzen inneren Gewalten zu zeigen
Würde die Beziehung halten? Doch wenn wir schweigen,
Würde uns das spalten.
Und so beschloss ich eine Mauer zu bauen
Statt nach außen lieber nach innen zu schauen,
Um den ganzen lachenden Menschen auszuweichen
Und Beziehung aus meinem Wortschatz zu streichen.
Einfach einsam bleiben,
Mit der Masse treiben
Kontakt vermeiden,
Dieses Leiden
Kann man nicht beschreiben.
Ohne Menschen, allein
Wollte unsichtbar sein.
Für die anderen nur unscheinbar
Weil ich einfach klein war.
Wurde ich stumm,

In einem Kokon gefangen in mir selber,
Wurde es kälter, ich wurde älter.
Bewegung nicht sichtbar,
Und der Kokon in dem ich war.
Bot mir Schutz und schirmte mich ab,
Weil, wenn ich leide,
Ich nichts davon hab,
Wenn andere Leute tanzen und lachen
Und versuchen mir eine Freude zu machen.

Keiner kam an mich ran und niemand glaubte daran
An den Schmetterling, der ich dann geworden bin.
So drang kein Laut der Verwandlung nach außen hin
Und erst als ich mich mühsam aus der Schale schälte
Weil ich das Leben nämlich als meinen Weg wählte,
Sahen die, die damals nicht für mich sorgten
Welche Kraft in mir verborgen
War, überschattet von Schmerzen und Leid

Das Leben im Kokon hat mir gezeigt,
Wenn die Zeit so weit
ist
Und ich bereit
bin.
Wird das was mal in dem Kokon drin
Gekämpft und geweint hat
Geschimpft und gemein war.
Sich verwandeln
Denn immer kann man wählen,
Zwischen Allein oder Einsam
Zwischen sein und gemeinsam
Zwischen Leiden und Leben
Zwischen Nehmen und Geben.
Stärke und Zauber werden sich vereinen.
Ich kann mich aus dem Kokon dann befreien
Um dann als Schmetterling zu scheinen
Und davon zu fliegen.

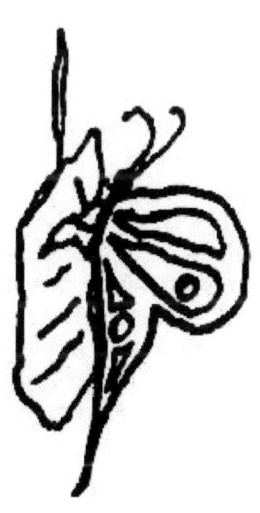

Magisch
Mit bodenloser Ehrlichkeit
Und grenzenloser Zärtlichkeit
Die Herzenswärme, die sprüht Funken
Habe einen Weg gefunden
Auf andere Art ein Freund zu sein
Wenn Funken nun im Dunkeln scheinen.
Ich freue mich über die leuchtenden Augen,
Bin überwältigt und kann es kaum glauben,
Welche Zuwendung mir entgegen strahlt.
Ich habe festgestellt, das Leben malt
Mit mir zusammen eine Version
Ein Abbild von meiner Faszination
Der Welt, die wertvoll ist - ein Wunder
Und auch wenn es schmerzvoll ist und wund war
Ist genau die Heilung der Prozess
Man ist nicht sein Leben lang verletzt.
Denn Wunde und Wunder trennt nur ein r.
Im Grunde zeigt das, es kann so viel mehr
Erblühen und sprießen
Man kann es mühelos gießen
Und dann schießen
Die Funken in den Himmel hinauf
Und das magische Leuchten, hört erstmal nicht auf.
Es entstehen neue Facetten des Seins
Es gehen Menschenketten als eins.
Denn Verbindungen verschmelzen mit Ehrlichkeit,
Mit grenzenloser Zärtlichkeit
Ich habe einen Sinn gefunden
Denn nur ein r liegt zwischen Wunder und Wunden.

Großer Wagen

Sterne am Himmel formen dein Bild,
Es sind sieben Stück, ich hab sie gezählt.
Du botest mir Orientierung in der dunklen Zeit,
Brachtest Licht in meine Dunkelheit.

Egal, an welchem Ort ich war,
Am Himmel warst du für mich da.
Du warst als einziges beständig
Du warst meine Metapher für Unendlich.

Unendlich schön, Unendlich klar,
Als ich kaum noch Hoffnung sah,
Aber sah ich dich am Firmament,
Wurd' mir bewusst, wie klein wir sind.

Das machte mich traurig und glücklich zugleich,
Die schwere Bedeutung wurde so wieder leicht,
So konnte ich die Last auf meinen Schultern tragen,
Am Himmel beständig: Der große Wagen.

Was mir die Depression nimmt und gibt
Die Depression nimmt mir gerade die Fähigkeit zu lieben
Ich erinnre mich, dass wir gemeinsam schwiegen,
Weil im Moment kann ich nichts anderes empfinden
Als diesen Schmerz und die Angst zu verschwinden.

Die Depression nimmt mir gerade die Fähigkeit an mich zu glauben
Verbietet mir mir zu erlauben
Zu lachen und lebensfroh zu sein
Ich fühle mich mit dem Schmerz allein.

Die Depression nimmt mir gerade die Fähigkeit zu dichten
Mein eigentlich positives Mindset an dich zu richten
Und dir zu sagen, dass du mir fehlst,
Aber ich will nicht, dass du dich quälst
Mit mir und meiner Depression
Ich fühl mich leer und monoton
Pocht mein Herz
Bedeutungslos
Pocht der Schmerz
Was ist nur los?

Ich kann es selber nicht richtig fassen,
Ich wünschte, ich könnte es einfach lassen
Trübsal zu blasen und am Schmerz festzuhalten
Ich will das Leben trotzdem doch schön gestalten.

Also kann ich für mich sorgen
Vielleicht wird es ja besser morgen.

Und es ist besser geworden,
Eine Idee spross im Verborgenen,

Und füllte mich mit neuer Hoffnung
Ich erlebte neuen Lebensschwung

Und jetzt kann ich auch sehen, was mir die Depression so gibt,
Sie macht mich in meinem Ausdruck kreativ
Und wenn sie dann wieder vorüberzieht,
Zeigt sie mir wie sehr ich das Leben lieb,

Sie hilft mir flexibel im Denken zu bleiben,
Sie zeigt mir, wenn es mir schadet zu schweigen,
Durch die Depression nehme ich das Leben achtsamer wahr,
Und schätze die Menschen, die für mich da
Sind
Ich lernte mein inneres Kind
Kennen
Und kann sogar meine Gefühle benennen
Und anstatt mit Scheuklappen durchs Leben zu rennen
Lernte ich im Moment zu verweilen
Lernte meine Erfahrung zu teilen

Und holt die Depression mich wieder ein,
Weiß ich, ich bin nicht allein
Und ich weiß, es zieht wieder vorbei
Die Depression macht mich schwer und gleichzeitig frei.

True Crime
Beim Wohnen im monotonen Alltag
In der Routine, die dieser halt hat.
Gefangen im Jetzt, die Zukunft verplant,
Verheddert im Netz - ignorierend, was mahnt.
Es heißt „Carpe diem"- lebe den Tag,
Genieße das Leben und hör, was es sagt.
Dass dieses endlich ist, scheint manchmal kaum sichtbar
Und dennoch ist der Gedanke daran unverzichtbar.

Dann der Alltag auf leise, der Podcast auf laut,
Sich damit konfrontieren, wovor es einem graut,
Mit Tod und Trieben, Mord und Verbrechen.
Vergewaltigt, überfahren, erschlagen, erstechen.
Den Tod als Konsum, als Marketing Gag,
Ermittelt jetzt selbst - kauft euch das „Such-den-Mörder-Set"
Für den Kick, für den Thrill - das Adrenalin,
Ist doch sick, sei jetzt still, die Verbrechen, die ziehen
Uns in ihren Bann, voll Faszination.
Erst macht er sie an und dann killt er sie schon.
Einfach so gesagt, konsumiert, aufgesogen,
Allein durch die Leiche ist es aufgeflogen.
Begierig die Frage gestellt „wie kann man so etwas tun?
Was ist in dem Kopf falsch - was die Motivation?"
Fühlen wir uns damit besser - werten wir unser Ego damit auf?
Die Tatwaffe ein Messer und nehmen den Mord dafür in Kauf?

Wir bagatellisieren Verbrechen, um daraus Gewinn zu erzielen.
Der Kick im Leben ist es mit dem Tod zu spielen,
Als Betrachter sich von außen ein Urteil zu erlauben,
Beim Wohnen im monotonem Alltag ist es manchmal schwer zu glauben,
Dass für manche der True-Crime-Kick leider Realität ist,
Man findet es solange gut, bis es zu spät ist,
Aber was ist mit den Menschen, die unter Verbrechen leiden
Und True Crime genau aus diesen Gründen meiden?
Ist es nicht respektlos sich an sowas zu ergötzen,
Sich über so was zu amüsieren, wie an belanglosen Witzen?

Klar, man beschäftigt sich irgendwie mit dem Tod
Und vielleicht löst es was aus, wenn er andere Leben bedroht
Und man als Außenstehender darüber entscheiden kann:
Guck ich lieber einen Krimi oder mach ich den Podcast an?

Ich finde es respektlos sich damit zu amüsieren,
Denn das rückt in den Hintergrund, dass die Dinge wirklich passieren
Und die Hinterbliebenen müssen das dann aushalten,
Dass Menschen, die sie liebten durch schreckliche Gewalten
Gestorben sind.

Aber ja, man setzt sich mit dem Tod auseinander
Und ich frage mich insgeheim, ist es nicht gesünder,
Dies auf eine Art und Weise zu betrachten,
Das Leben und den Tod gleichermaßen zu achten?
Indem man nicht in fremde Abgründe schaut, sondern erstmal bei sich bleibt,
Indem man auf Memento Mori baut und Respekt gegenüber den Menschen
zeigt,
Die jemanden verloren haben oder sich beruflich damit konfrontieren
Und Menschen, die so starben in Ehren weiter respektieren.
Denn hinter diesen Taten stecken Schicksale unterschiedlichster Art
Und man wird wohl kaum erraten, wie es sich angefühlt hat,
In der Haut des Opfers oder des Täters zu stecken,
Wie es sich anfühlt, wen zu töten, sich anfühlt zu verrecken.
Und von außen betrachtet ist es der Thrill und der Kick,
Der unseren monotonen Alltag durchbricht.

Hilfeschrei
Ein Fetzen Papier,
Zusammengeknüllt auf dem Boden.
Lag gestern noch hier,
Hab ihn nicht aufgehoben.

Und jetzt bereue ich es,
Weil ich erfuhr, was drauf stand
Und ich umarme dich fest
Reiche dir meine Hand.

Es war ein Hilferuf,
Du hast ihn niedergeschrieben,
Und ich berichte nun,
Er ist mir von dir geblieben.

Deine Worte lauteten:

„Trotz der Hitze friere ich,
ich kann nicht mehr,
ich schaff' das nicht!
Der Hass auf mich ist viel zu groß,
flieg einfach weiter,
lass mich los!

Wer bin ich und was soll ich sein?
Ich kann das nicht,
bin viel zu klein!
Ich hab kein Ich,
Ich bin nur Du,
Bin für Dich da und hör Dir zu.

Vergesst mich und lasst mich allein,
mein ich in mir gefangen sein.
Es soll nicht nerven und nicht
stören,
das HILFE sollt ihr überhören.

Es ist mir EGAL
und ich will es werden,
lasst mich in Ruhe,
lasst mich einfach sterben!

Trotz des Lachens weine ich,
ich kann nicht mehr
ich schaff das nicht!
Der Hass in mir ist viel zu groß,
Fliegt einfach weiter,
lasst mich los!"

So lauteten deine Worte,
Und weil ich mich nicht traute, denn
Du musstest diese Zeilen
Schreiben,
Um in dieser Welt zu bleiben.

Und niemand traute sich
Was zu sagen, mal zu fragen
Wie es dir geht
Und jetzt muss ich aushalten, was auf diesem Zettel
steht,
Den ich nicht aufgehoben habe
In meinem Kopf nur eine Frage.

Hätte ich die Geschichte ändern können
Hätte ich das Blatt noch wenden können
Wenn ich zum Beispiel gefragt hätte,

„War das Absicht oder aus Versehen?
Kann ich, muss ich das verstehen?
Wieso lässt du es nicht einfach bleiben,
die Sache mit dem Sich-selber-schneiden?"

Ich befürchtete folgende Reaktion
Doch was macht meine Befindlichkeit
Im Gegensatz zum Schicksal schon.
In meinem Kopf sagtest du:

„Nein, GEH WEG!
Ich kann das nicht!
Das Ding in meinem Kopf,
das spricht.
Außerdem verstehst du's nicht!
Lass mich einfach in Ruhe!"

Nur weil ich zu feige war,
Diese Antwort auszuhalten
War mir damals schon klar
Ich hätte mich einschalten
Sollen und irgendetwas sagen
Einfach irgendwas
Eine Reaktion
Denn was sind meine Ängste,
Im Vergleich zu der Situation jetzt
Zu verletzt

Ich hätte sagen können.

„Also soll ich es ignorieren?
Dabei zusehen, wie du tust verlieren?
Dich einfach alleine im Dunkeln lassen,
wo du keinen schönen Gedanken kannst fassen?
Ich glaube, du siehst das mit falschen Augen.
Die sind dabei dich auszusaugen!
Rauben dir jegliche Energie.
Alleine wirst du es schaffen nie...

Weißt du, es fällt mir auch schwer darüber zu reden,
aber ich seh doch, du schreist, du bist nicht mehr
am Leben.
Du brauchst den Schmerz, um wieder zu fühlen,
deinen Kopf von Gedanken leer zu spülen.
Das ist doch nicht richtig, da muss man was tun,
Statt immer nur zu warten, immer nur zu ruhn!
Aber ich weiß nicht was, ich bin ganz allein,
zu zweit sind wir stärker, komm lass mich rein!"

Das hätte ich sagen können,
Anstatt in meinem Tunnel davor wegzurennen.

Dann bist du über eine Brücke gegangen
Hast lange an der Brüstung gestanden.
Dann überkam dich die Verzweiflung
Dann dachtest du, es ist nur ein Sprung.
Auf einmal war dir alles EGAL.
Es war ja auch das letzte Mal.

Und dann schwangst du dein Bein über's Gelände,
das andere auch, der Körper, die Hände.
Und dann stand's du plötzlich auf der falschen Seite,
fasziniert von der Tiefe, fasziniert von der Weite.
Betäubt von der Angst, dass du es fast geschafft.
Du spürtest wie sich deine Gesichtshaut strafft.
Und dann schlosst du deine Augen,
Kannst nicht mehr denken, kannst nicht mehr glauben.
Hofftest vielleicht, dass dich irgendwer sieht,
hofftest, dass das nicht wirklich geschieht.
Ich glaube du hattest Angst, ich glaube du warst am Zittern,
während alle deine Träume zersplittern.
Jetzt gleich wirst du das Gleichgewicht verlieren,
ob das Absicht war, würd ich gar nicht mehr spüren.
Dann wär' es zuende,
dann war es vorbei,
Vielleicht bist du jetzt endlich frei!

Du hast geschrieben,
Dass du trotz der Hitze frierst
Niemand hat den Zettel gelesen
Als du gegen das Leben verlierst,
War mir nicht bewusst, dass es so schlimm gewesen
ist.

<u>Opa</u>
Du warst der, der am längsten die Luft anhalten konnte
Im Springerbecken bis an den Boden kam.
Du warst der, dessen Duft ich immer wiedererkannte,
Du bist immer so gerne Rad gefahren

Ich dachte früher du spielst bei Schalke 04,
Dabei hast du nur vor dem Bildschirm gesessen,
Und als Enkelkinderbande gingen wir
Immer zu dir hoch um Hustenbonbons zu essen.

Und jetzt hier Regelmäßiges Atmen
Aus und wieder ein
Banges Hoffen und Warten-
Du sahst so klein
aus, so verletzlich,
Umgeben von Maschinen,
Die letztendlich
Deine Lunge bedienen.
Aus und wieder ein
Atemzug folgt dem nächsten
Du bist eine Konstante gewesen
Aus und wieder Ein
Hast mir gezeigt, was es heißt zu hinterfragen,
Ohne dass du es weißt, was andere sagen.
Aus und wieder ein
Und jetzt liegst du hier so klein
Umgeben von Maschinen ,
Die
Aus und wieder Ein
Deine Lunge bedienen.
Sie mit Sauerstoff versorgen,
Damit es ein Morgen gibt,
Denn du wirst geliebt.
Aus und wieder ein.
Versammelt gemeinsam um dich,
Halten deine Hand,
Halten zusammen.
Ein und wieder aus,
Die Maschinen sind nun aus.
Banges Hoffen und warten,
Lauschen auf deinen Atem.
Schwer hebt sich deine Brust
Ein Kraftakt

Und dann bleibt es leise,
Ich wünsch dir eine gute Reise!
Und eben stand die Zeit noch still
Doch draußen geht das Leben weiter
Ein stummer Raum
Ein Wegbegleiter
Ist weiter gezogen
Von uns geflogen
Und die Autos fahren,
Als wär nichts passiert
Menschen in Scharen
Sind nicht irritiert.
Doch ich schon von diesem Kontrast
Der zeitlose Raum jetzt zur alltäglichen Hast.
So, als hätte keiner verstanden,
Worum es eigentlich geht,
So, als hätte jeder vergessen,
Wie man eigentlich lebt.

Jetzt ist es leer ohne dich,
Doch ich merke auch,
Irgendwie bist du noch da.
Ein und wieder aus

Ich sehe dein Gesicht,
Und denke auch
Zurück an das, was war.

Ich sehe dich
In ihren Augen
Wie sie gedankenverloren in die Ferne blickt

Ein und wieder aus
Und weiß, du bist immer noch hier
Wenn sich das Licht der Kerze
Am Glas deines Fotos bricht.

Ich bin mir sicher, du wachst über sie,
Denn Liebe hört nicht einfach auf
Aus und wieder ein
Ich bin mir sicher, ganz sanft streichelst du sie
Und gibst ihr die Nähe, die sie gerade braucht.

In ihrem Herzen, das kann man fühlen,
Lebst du und liebst du sie noch
In ihrem Herzen, kann sie dich berühren
Dort schwebst du und tätschelst sie sacht.

Ruhig ist es hier nun ohne dich
Doch ich merke ja, du bist irgendwie noch da.

Denn du warst der, der am längsten die Luft anhalten konnte
Im Springerbecken bis an den Boden kam.
Du warst der, dessen Duft ich immer wiedererkannte,
Du bist immer so gerne Rad gefahren

Ich dachte früher du spielst bei Schalke 04,
Dabei hast du nur vor dem Bildschirm gesessen,
Und als Enkelkinderbande gingen wir
Immer zu dir hoch um Hustenbonbons zu essen.

Groß warst du
Mit viel Fell, wie ein Bär
Du gehörst dazu
Ohne dich ist es leer

Der letzte Moment
Eingefangen nun in Worten
Ein großes Geschenk,
Den Weg dorthin
Mit dir zu gehen
Und dich davonfliegen zu sehen.

Atmosphäre des Flüsterns
Nah und vertraut
Nebeneinander
Liegen wir Haut an Haut
Mein alltäglicher Anker

Du hälst mich im Arm
Dein Herz klopft ganz leise
Von innen ist mir warm
Du ziehst sanft kleine Kreise

Das Licht ist gedämmt,
Und leuchtet behaglich
Was gerade noch fremd
War, ist jetzt ein Ich mag Dich!

Part I:

Schulzeit
Ich möchte gern erzählen, was die Schule mit mir gemacht
hat:
Ein Opfer, ein Nichts, jemand, der keine Kraft hat.
In der Schule verbrachte ich die meiste Zeit des Tages,
Es wurden Noten verteilt,
was wahr ist und wichtig
lernten wir,
Aber nur bestanden ist auch nicht richtig
lernten wir,
Sondern am Besten der Beste zu sein,
Als Klasse gemeinsam, doch als Mensch ganz allein

Und ich litt so sehr
Drohte am Leben zu zerbrechen
Mein Blick war leer,
Nach außen war ich nicht mehr echt, denn.

Unscheinbar, still fast unsichtbar
Passte mich dem Umfeld an,
Obwohl ich klein war, war keiner da.
Keiner, der mich erreichen kann.

Und eigentlich wollte ich doch gerne nur LEBEN,
einfach meine Wunden kleben,
um endlich mal so zu sein,
wie ich bin.

Doch in der Schule wurde mir genau das abtrainiert,
Die Schule ist nicht ein Ort, an dem Heilung passiert.

Stattdessen Immer ein Konstrukt aus Konkurrenz,
Man fragt sich, was passiert mit der Intelligenz.
Immer mehr Schüler, größere Klassen,
Da ging ich unter in den Massen,
In der unsichtbaren Welt,
Da ist niemand, der dich hält.

Ich lernte: Nicht zu reden, sondern zu schweigen
Mit Lehrern den Blickkontakt zu vermeiden.

Ich verlernte zu leben, stattdessen zu leiden
Ich lernte Angst davor zu haben, sitzen zu bleiben.

Ich durfte nichts fühlen, weil ich doch funktionieren will
Meine laute Meinung wurde irgendwann so still.

Dass diese Stille krachend laut,
Meine Zukunft mir verbaut.

Ich lernte, es gibt falsch und richtig,
Kreativität nicht wichtig.

An all das kann ich mich erinnern,
In den trostlosen Klassenzimmern.
Doch denke ich darüber nach,
Dann liegt bei mir der Inhalt brach.

Wie funktionierte nochmal die Osmose,
Und was war eine Anamorphose?
Wie ist der Aufbau einer Rezension
Und wie organisiert man eine Rebellion?
Was war das nochmal mit P-Q?
Wieso hört dem Lehrer keiner zu?

-Mmh komische Frage...

Dann sagen alle noch „Mach bloß das Abitur!
Das braucht man um groß zu werden nur."
In die Köpfe wurde uns vieles gehämmert,
Kam man nach Hause, hat es meistens gedämmert.

Dann ging der Wahnsinn abends weiter
Mit mehr Inhalt werden Gehirnzellen gescheiter,
Immer mehr rein muss in den Kopf
Intravenös - zum Beispiel Mathe am Tropf?

-Aber wir wollen jetzt mal nicht übertreiben
Wir wollen immer noch am Boden der Tatsachen bleiben!

Also weiter:
An Hausaufgaben verzweifeln,
Bio nicht begreifen,
Dann wird aus dir wohl nie was werden,
Nach dem Abi erstmal sterben.
Gruppenzwang und schlechte Noten,
Von Belang sind nur die Guten
Schüler,
Die Schule nur ein Ort, ein Kühler.

Dabei sollte man doch genau hier Wärme finden
Und nicht als „dummer Mensch" verschwinden,
Sondern lernen seinen Weg zu gehen,
Seine Werte zu verstehen.

Nach der Schule kommt die Auswilderung in die Welt,
Da ist kein Klassenzimmer, was deine Scherben
hält,
Das Klassenzimmer, in welchem du zerbrochen bist,
Wo du lerntest, dass du wertlos bist.

Dann sollte ich meine Steuern bezahlen
Und dann gab es plötzlich irgendwelche Wahlen
Und davon fühlte ich mich doch so weit entfernt,
Weil in der Schule hab ich ja nicht gelernt,
Wofür ich kämpfe oder stehe
lernte nur, wie ich in Würde untergehe

In der Schule wurde mir vermittelt,
Dass es irgendwie läuft, wenn man nur lang genug rüttelt,
Und reißt an dem Charakter von einem Kind
Haltet ihm die Augen zu und sagt ihm es wär blind.

Manchmal scheint das Ziel
Den Mensch als passendes Teil in das System einzufügen,
Und versucht man einen Keil zwischen die Lügen
Zu treiben
Wird sich der Rest deines Lebens entscheiden.

In der Schule zählt nur gut und schlecht
Der Sinn dahinter nicht mehr echt
Und stör bloß nicht den Unterricht.
Fragen stellen ist gefährlich
Und jetzt seien wir mal ehrlich
Selber denken wird vermieden,
Von den großen abgeschrieben
Goethe, Einstein oder Brecht
Kommst du nicht mit, hast du halt Pech...

Ein System, was diese Welt,
Seit Jahrzehnten zusammenhält
Läuft entgegen dem Geist der Zeit,
Und auch wenn man es laut schreit
Scheint die Elite es nicht zu begreifen
Versucht die Verantwortung abzustreifen.
In der Schule wird Mensch kategorisiert,
In gut und schlecht und aussortiert.
Unterteilt in dumm und schlau
In fleißig, Streber oder faul.
Ich bin so unglücklich gewesen,
Den Inhalt kann ich auch im Internet nachlesen.

Meiner Meinung nach erfüllt das System Schule nicht
Seine gesellschaftliche Pflicht.

Ich bin aus dem System gefallen,
Zu wenig Mensch, zu viele Zahlen,
Aber mein Herz wurde wieder aufgewärmt
Nicht in der Schule habe ich fürs Leben gelernt!

Lieber nur ein Schluckauf...
Manchmal hat meine Psyche Fieber,
Und dann wäre mir selber lieber,
Wenn es nur ein Schluckauf wär',
Einfach nur ein Schluckauf, der
Nach Luft anhalten, dreimal schlucken
Von selbst wieder vergeht,
Der mir zeigt, dass meine Muskeln zucken
Und dessen Grund man versteht.

Stattdessen wird mein Kopf heiß vor lauter Denken,
Gedanken, die sich selbst verrenken,
Verrennen, verknoten und verlieren,
Die in meinem Kopf drohen einzufrieren.

Denn dann ist mir plötzlich alles zu viel,
Und das, was mir früher mal gefiel,
Scheint nun in grauen Tönen zu verhallen,
Weil mir diese Dinge nicht mehr gefallen.

Ich treffe keine Freunde mehr,
Voller Kalender, der Tag jedoch leer.
In meinem Zimmer regiert das Chaos,
Geh auch bei Sonnenschein nicht raus.
Ich esse immer weniger,
Bin nur auf social media,
Isolier mich, um mich nicht zu fühlen,
Und ohne meinen Kopf zu kühlen.

Runde für Runde erst ganz leise,
Ziehen die Gedanken Kreise,
Werden lauter und irgendwann
Schreien sie mich nur noch an.

Der Druck weiter zu funktionieren,
Die Erwartung weiter zu existieren,
Zwingt mich trotzdem mich aufzuraffen
Ich muss doch meinen Alltag schaffen!!!
Zu groß die Scham, wenn ich versage,
Und mich stattdessen mal versorge,
Doch aus Angst vor fehlender Toleranz,
Tu ich so, als wenn ich's kann.

So hetzte ich mich dann durch meinen Alltag,
Zwinge mich zu funktionieren.
Ich fühle mich wie der Täter einer Gewalttat,
Während ich dabei bin meine Bedürfnisse zu ignorieren.
Doch ich mache weiter - das ist doch mein Job
Wird von mir erwartet - ich ernte dafür Lob.

Dass ich so sorgfältig arbeite,
Dass ich immer so emphatisch zuhöre,
Dass ich immer einspringe, wenn man mich braucht,
Und dass ich so selbstlos bin, dass mag man an mir auch.
Dass das nur Symptome meiner schlechten Verfassung sind,
Scheint keiner zu realisieren,
Die sind ohne dass ich mich anstrengen muss,
Einfach zu kaschieren.

Aber zuhause zu bleiben und für sich zu sorgen macht mir Angst.
Ich will ja nicht gleich übertreiben - ein langer Rattenschwanz
Zöge diese Entscheidung nach sich,
Hinterher heißt es, keiner mag mich,
Weil ich gerade nicht arbeiten kann
Und weil man mir nichts mehr erzählen kann,
Denn emphatisch zuhören ist einfach nicht drin
Und für jemanden einzuspringen krieg ich gerade nicht hin.

Denn ich weiß, meine Psyche hat mal wieder Fieber,
Und mir wäre selber lieber,
Wenn es nur ein Schluckauf wär,
Einfach nur ein Schluckauf, der
Nach Luft anhalten, dreimal schlucken
Von selbst wieder vergeht,
Der mir zeigt, dass meine Muskeln zucken
Und dessen Grund man versteht.

Aber ich habe keinen Schluckauf,
Ich bin einfach total erschöpft vom Leben.
Im Schnelldurchlauf allen anderen das zu geben,
Was sie brauchen und mich dabei selber zu vergessen
So oder so ähnlich potenziert sich das Sich-Stressen.

Und diese ganzen Gedanken,
Die mir nicht erlauben zu sagen, dass ich krank bin,
Weil es kein Thermometer gibt, was dieses Fieber messen kann,
Weil es nur Gefühle sind, die einen so sehr stressen man.

Es fehlt einfach der Beweis, die Legitimation,
Sich trotz der ganzen Schmerzen einfach mal zu schonen,
Einfach mal zu Haus' zu bleiben und sich um sich zu kümmern,
Um den ganzen Teufelskreis nicht weiter zu verschlimmern.

Denn die Folgen können fatal sein, wenn man es ignoriert
Es kann das letzte Mal sein, dass einem so was passiert.
Die Depression wird selten beim Namen genannt,
Weil sie wird gesellschaftlich nicht so anerkannt,
Wie, wenn ich einfach ganz normal Fieber habe
Und ich stelle mir hiermit dir Frage:
Was ist der Unterschied?
Wieso werten wir Gefühle ab?
Ist es nicht ein Riesenglück, dass ich überhaupt Gefühle hab?!

Und ja, meine Psyche hat gerade Fieber,
Und ja ein Schluckauf wäre mir lieber,
Aber die Depression zeigt mir nur meine Grenzen
Dass das auch akzeptiert wird, würde ich mir wünschen.

Und ich beschließe: Ich bleibe daheim!

Sandsturm
Ein Sandsturm fegt durch mein Herz,
Wirbelt alten Schmerz
Auf
Durchlebe alte Qualen
Und dunkle Schatten malen
Meine Vergangenheit auf weiße Laken
Aber ich will nicht länger warten
Darauf, dass es besser wird,
Was damals war, das ist passiert
Das kann ich gerade nicht mehr verändern
Ist wie ein Bild mit dunklen Rändern.
Ein Bild von Sand und Sturm und Herz
Ein alter Verband hält den Schmerz
zusammen.
Verdeckt die Schrammen.
Verursacht durch den Sand,
Der aufgewirbelt durch mein Herz fegt
Und im Prinzip doch nur für vergangene Qualen steht.
Seh mich gezwungen
Es ist nicht gelungen
Den Sturm zu zähmen
Ein Fluss aus Tränen,
Durchzieht nun den Wind
Wodurch dann die Körner zu zähmen sind
Still legen sie sich nun nieder
Und ich bin wieder
In meinem Jetzt
Trotzdem verletzt
Ein alter Verband
Umschlingt meine Hand
Mit getrocknetem Blut
Hält er gut.
Nichts von dem Sturm mehr zu sehen
Kein Wehen
Auf der Haut,
Nur die Schrammen pochen laut.
Aber sie sind gut versteckt,
Damit niemand sie entdeckt.
Denn zu laut schreien die Schrammen vom Wind,
Weil sie ja so entstanden sind.

Einfach nur eine Stadt
Oh mein geliebtes und verhasstes Brüssel,
Wie sehr ich mir wünschte, du wärst einfach nur eine Stadt,
die man sich gerne mal angucken würde,
Um sich dann über die bei Nacht beleuchteten Autobahnen zu wundern.
Einfach nur eine Stadt, in der man unbeschwert eine Pommes essen geht,
weil belgische Pommes ja so besonders sind.
Eine Stadt, in der man ein Selfie vorm Parlament macht, dass dann auf Insta
hochlädt
Und megaviele Likes bekommt - einfach wegen der politischen Vibes dort.
Einfach nur eine Stadt, die bekannt ist für ihr Bier, was man dann dort
endlich probieren kann,
Um dann festzustellen, dass es viel zu süß ist.
Oh mein geliebtes und verhasstes Brüssel,
Wie sehr ich mir wünschte, du wärst einfach nur eine Stadt.

Aber das bist du nicht für mich, Brüssel.
Für mich bist du der Schlüssel
Zu meiner Vergangenheit
Zu meiner Jugend
Zu meiner Schulzeit
Zu meiner Befangenheit
Zu dem Geständnis
Zu der Verkleidung und der Verhüllung
Du bist der Schlüssel zu meinem Gefängnis

In sieben Jahren so viel passiert und doch fühlte ich mich immer wie eine
Fremde.
Sieben Jahre hast du mir das Leben zur Hölle gemacht,
In sieben Jahren hast du es nicht geschafft, dass ich dich Heimat nennen kann
Und doch bist du ein Teil von mir.

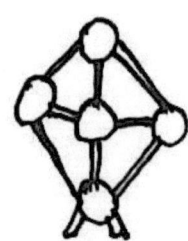

Ich supporte dich beim Sport, obwohl ich mich doch eigentlich gar nicht für Sport interessiere.
Schießt euer Land ein Tor, freu ich mich mit und applaudiere.
Seid ihr Teil des ESCs bin ich ganz klar auf eurer Seite
Tagt wieder mal ein Komitee im Fernsehen, bin ich die letzte die es abschaltet.
Spricht jemand Französisch fühl ich mich Mensch verbunden,
Weil ich mir einbilde dadurch irgendeine Verbindung gefunden zu haben.
Ich ließ mich von dir tragen,
In deinem Meer aus Sprachen,
Bin eingetaucht - abgetaucht in den Engen Gassen, wo vor lauter Tourismus das Leben pocht,
Auf den weiten Flächen der Gebäude der Europäischen Union,
Immer die Fahne im Hinterkopf,
Mit den zwölf gelben Sternen auf blauem Grund.
Bin ich jetzt europäisch, hab ich mich gefragt.

Nein, das bin ich nicht.
Ich weiß eigentlich sehr wenig über dich.
Über politische Hintergründe, dein Königshaus oder deine Bewohner*innen.
Ich weiß nichts über deine Geschichte, und wenig über deine Kultur
Ich weiß, Du bist die Hauptstadt Europas
Ich weiß, du bist eng, dreckig, vielfältig und das Grüne an dir sind die Parks
Ich weiß, du bist elitär und gleichzeitig voller Armut.

Die erste Frage, die mir jemand stellt ist oft „Oh dann sprichst du bestimmt gut Französisch?!"
Oder „Oh dann hast du bestimmt viel Ahnung von Politik?!"
Alles Lüge - alles Illusion
Man kann ohne Mühe in einer Blase wohnen.
Das hab ich erfahren
Ohne Französisch sprechen lernen zu müssen,
Mich durchschlagen
Ohne schlechtes Gewissen
sich auf Englisch durchfragen.
In der Schule nichts über Politik gelernt
Nichts über das Land,
Oh Brüssel ich fühlte mich dir so weit entfernt,
Wie man es nur kann.
Und gleichzeitig warst du ein Parasit in mir -
Und du kannst nicht mal was dafür.

Denn eigentlich hast du auch schöne Seiten,
Viele spannende Sehenswürdigkeiten,
Absurdität und Seriosität in einem,
Ein pinkelndes Männchen zum Beispiel im Kleinen,
Das Sint Contenaire jeder Belgier kennt's
Macht dem Brandenburger Tor echt Konkurrenz.
Vom Atomium und dem Grand Place ganz zu schweigen,
Eigentlich kann sich Brüssel schon zeigen.

Aber mir nicht mehr, die Zeit ist vorbei,
Ich kämpf so sehr dafür endlich frei von dir zu werden,
Brüssel, du warst mein Ort zum Sterben.
Aber ich habe dich überlebt,
Aber immer noch dreht sich sehr viel um dich,
Weil du lässt mich einfach nicht los.

Und ich wünschte mir, du wärst einfach nur eine Stadt,
Die man sich gerne mal angucken würde,
Einfach nur eine Stadt,
in der man unbeschwert eine Pommes essen geht,
oder ein Selfie vorm Parlament macht
Oh mein geliebtes und verhasstes Brüssel,
Wie sehr ich mir wünschte, du wärst einfach nur eine Stadt.
Aber das bist du einfach nicht mehr für mich.

Liebe
Ihr seid wie zwei Teile eines Puzzels,
Wie zwei Hälften einer Muschel,
Wie schwarz und weiß von Ying und Yang,
Ihr seid der Noten Kling und Klang,
Ihr seid ein Hendiadyoin
Gemeinsam könnt ihr euch doppelt freuen
Aus eins mach zwei, verstärkt den Begriff
Und weil es euch beide gleichermaßen betrifft:
Ihr seid der Inbegriff von
Liebe
Zwei Zahnräder von einem Getriebe,
Könnt nur zusammen, nicht allein,
In Symbiose glücklich sein.

Unterlassene Hilfeleistung
Unterlassene Hilfeleistung ist strafbar,
Sieht man eine Person, die hilflos unter körperlichen Beschwerden leidet,
Muss man helfen.
Das habe ich so gelernt.
Ich habe sogar irgendwann mal einen erste Hilfe Kurs gemacht,
Da war ich ungefähr neun.

In der Schule habe ich gelernt,
Wie ich eine Gedichtsanalyse schreibe.
Hab es gelernt und wieder vergessen.
ich dachte irgendwie Schule macht mich startklar,
Fürs Leben, doch stattdessen
weiß ich jetzt wie man Dinge vermeidet.

Ich sehe ganz oft, wie Menschen einfach weggucken,
Weil eigentlich ist es das, was man in der Schule lernt.
Sich die wichtigen Antworten abgucken,
Um sie sich auf die eigene Fahne schreiben zu können,
Und angstschlotternd
Sehe ich der Situation entgegen,
In der jemandes Leben
In meiner Hand liegt.
Die Schule wird es nicht sein, die dann meinen Dank kriegt.

Unterlassene Hilfeleistung sei strafbar
Hab ich gelernt,
Aber das Gegenteil erfahren.
Denn als ich angstschlotternd versuchte
umgeben von Gefahren,
Meinen Schulalltag zu überleben.
War keiner in der Lage Hilfestellung zu geben.
Die Schule machte mich nicht startklar.
Stellte sich selbst doch als das wichtigste dar.
Und ich glaubte es, ich war ja noch ein Kind,
Aber wurde nicht gehalten,
Wurde nicht versorgt,
Lernt' wie ich verschwind,
Weil das Qualitäten von guten Schüler*innen sind.

Aber manchmal ist Schule Mord.
Und niemand sieht hin.
Am Ende hat es keiner gewusst,
Dass es so kommen musst'
Ich finde das schlimm,
Und den Erwachsenen ist das doch bewusst,
oder... ODER?

Damals hat mich keiner mehr erreicht und
Ich verletzte mich doll,
Brachte mich beinahe um,
wurde aber mit leeren Worten abgespeist und
Das nennt man auch unterlassene Hilfeleistung.

Ich bin nur ein Beispiel von vielen,
Die durch ihre Schulzeit fielen.
Wer fängt einen auf?
Was für ein System nimmt das bitte in Kauf,
Dass Kinder verletzt werden,
Dass manche sogar sterben.
Wer sammelt die Scherben
Auf?

Doch was muss sich ändern, um mal konstruktiv zu sein.
Erwachsene, die was bewegen könnten, fällt dazu scheinbar nicht viel ein.
Mein erster Vorschlag wäre,

Drückt mal auf Reset,
Für des Lebens Lehre
Ist es nie zu spät,

Was zum Beispiel bedeutet Bildung?
Was soll die Aufgabe der Schule sein?
Welche Rolle spielt Bindung?
Was fällt den Menschen noch so ein?

Geht mit Menschen in den Dialog,
Was brauchen diese aktuell,
Rudert jeder mit im Boot,
Ist es von alleine schnell!

Dann zweitens, go back to the roots,
Stärkt Miteinander und Respekt,
Redet mal über persönliches
Erleichtert etwas das Gepäck.

Drittens, versucht Brücken zu bauen,
Persönlichkeiten anzuschauen,
Und sich auch zu trauen,
Gefühle durchzukauen.

Und viertens vor allem Go with the Flow,
Bleibt nicht im Schlamm von gestern stecken,
Genießt doch mal die Show,
In der sich Schüler*innen nicht verstecken.

Ich kann nicht länger zusehen,
Dabei, wie alle nur zusehen,
Dabei, wie manche Schüler*innen wirklich leiden,
Dafür kämpfen lebendig zu bleiben.
Nur weil Erwachsene sich scheuen,
Ein System umzugestalten,
Um es dann zu bereuen,
Wenn innere Gewalten
Realität werden,
Menschen sterben.

Unterlassene Hilfeleistung ist strafbar,
Sieht man eine Person, die hilflos unter körperlichen Beschwerden leidet,
Muss man helfen.
Das habe ich so gelernt.
Die Psyche ist auch teil des Körpers.
Ich hab nicht gelernt, wie ich anderen helfe.
Hab nicht gelernt, wie ich mir selber helfe.
Hab nur gelernt, wie ich weggucke
Und wie man eine Gedichtsanalyse schreibt.
Dank gilt meinen Lehrer*innen, meiner Schule
Und einem System, was Menschen zu Maschinen ausbildet.
Unterlassene Hilfeleistung ist strafbar, hab ich gehört...

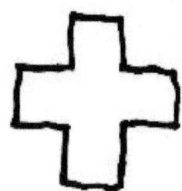

<u>Liebeskummer</u>
Dein Herz
hängt
noch an der Wäscheleine
zum Trocknen.

Wahlheimat
Ich bin oft umgezogen,
Ohne dass ich mich richtig daran erinnern kann,
Was für Ängste damit verbunden waren.

Ich würde sagen, dass ungelogen,
Jeder Umzug ein Neuanfang
War.
Ich bin immer wieder erstaunt,
Wenn mich andere Leute fragen.
Was meine Heimat ist,
Wo ich herkomme.

Doch ist mir dies selber oft einfach nicht klar.

Ich habe eigentlich keinen Ort,
Den ich als meine Heimat bezeichne.
Weil ich so oft fort
Gegangen bin.
So war dies nie eine leichte
Entscheidung,
Aber irgendwie ergab sie trotzdem immer einen Sinn.

Ich bin schon lange auf der Suche,
Nach einem Zuhause, nach einem Heim,
Ich bin so glücklich und dankbar, endlich verbuche
Ich, einen Ort, an dem ich zuhause sein
Darf,
In das ich hinein darf,
Und in dem ich mir selbst immer ähnlicher werde,
Einen Ort, dessen Schemen noch etwas unscharf,
Mir zeigt, ich habe einen Platz auf der Erde.

Dieser Ort ist in meinem Zimmer
in meiner WG
in meiner Straße
in meiner Stadt.

Ein Hoffnungsflimmer,
Der viel Potenzial zum Wachsen hat.

Und jetzt gerade, hier in meinem Zimmer,
Bedeutet zuhause sein, dieser eine Schimmer
Licht, der immer morgens an meiner Wand tanzt,
Zuhause ist, wo die Blumen einpflanzt,
In bunten Töpfen auf Regalbrettern stehen,
Wo in mir einfach neue Ideen entstehen.

Zuhause ist, wo mein Kuscheltier in meinem Bett sitzt
Und mit traurigen Augen feststellt,
Wie alt ich schon geworden bin.

Zuhause ist, wo der Junge mit der Muschel,
An seinem Ohr als Bild an meiner Wand hängt
Und mit sanft geschlossenen Augen, sagt,
das kriegst du morgen auch noch hin.

Zuhause ist, wenn ich die Tür schließen kann,
Um dann
In meinem von mir erstelltem Chaos zu stehen,
Und nicht das Bedürfnis haben, wieder gehen
Zu müssen,
Zuhause ist zu wissen,
Ich bin willkommen, hier darf ich rein.
In meinem Zuhause darf ich einfach sein,

In meiner WG heißt zuhause sein,
Die Art, wie wir miteinander reden,
Respektvoll und wertschätzend einander das geben,
Was ein Miteinander stärkt,
Sodass man miteinander merkt,
Was man sich gegenseitig gibt,
Dass man sich irgendwie lieb
Hat,
Dass man am Start ist
Füreinander,
Nicht hart im Umgang
Miteinander,
Dass man gemeinsam kocht und lacht,
In der Küche sitzt, Ausflüge macht.
Dass wir voneinander lernen
Und dass wir aneinander wachsen,
Dass, wenn wir uns voneinander entfernen,
Uns trotzdem aufeinander verlassen.
Zuhause sein in der WG
Bedeutet für mich Gemeinschaft,
Das zu erreichen, was man nicht allein schafft.

In meiner Straße heißt zuhause sein,
Dass alle 20 Minuten der Bus an uns vorbeifährt,
Sodass das ganze Haus wackelt,
Es heißt, dass in der Ferne so mancher Motor plärrt,
Und irgendjemand immer vorbeidackelt.
In meiner Straße heißt zuhause sein,
Dass die Vögel trotzdem singen
Und wenn man um die Ecke geht,
Töne aus der Kneipe klingen.
Es bedeutet, dass das Sonnenstudio nah ist,
Dass man am Supermarkt schnell da ist.
Es bedeutet, dass man die Straße direkt überquert,
Weil man sonst vielleicht an der Ampel warten muss.
Dass man hin und wieder die Feuerwehr hört,
Die von hier aus starten muss.
Zuhause sein in meiner Straße hat einfach einen besonderen Flair,
Der, wenn es ihn nicht geben würde, mit Sicherheit ein anderer wär.

In meiner Stadt heißt zuhause sein,
mit der Bahn über den Rhein zu fahren
Sich die Neugierde zu bewahren,
Auf die Menschen, die einem vielleicht begegnen,
In meiner Stadt kann es gleichzeitig schön sein und regnen.
Es bedeutet, dass man sich freut, wenn die Schafe wieder in den Auen
grasen,
Dass man sich nicht scheut, auch in belebten Straßen,
Sich treiben zu lassen,
Sich tragen zu lassen
Von mir meist unbekannten Menschenmassen.
Den Moment als solchen wahrzunehmen,
Und zuzuhören, wenn die Straßen erzählen,
Und flüstern, von dem, was täglich hier geschieht,
Das zu registrieren, was einen hier umgibt.
Zuhause sein in meiner Stadt heißt,
Immer zu checken, ob der Dom noch am Start ist,
Neues zu entdecken, weil das einfach die Art ist,
Diese Neugierde auf das Leben,
Diese Dankbarkeit beim Geben,
Mit der ich mich mit meiner Stadt verbinde,
Sie ist nicht besonders schön, aber ehrlich, wie ich finde.

Und ich bin so froh, hier zuhause sein zu dürfen,
Mir ein eigenes Leben aufgebaut zu haben,
Und trotz all meiner hoffnungslosen Lebensentwürfen,
Diesen Ort gefunden zu haben.

Mein Zuhause ist ein ganz besonderer Ort,
Der mir zeigt, wie es ist Verantwortung zu tragen,
Ich habe gerade nicht das Bedürfnis fortzugehen.
Dafür möchte ich einfach mal danke sagen!

Danksagung

Ich lebe und dafür bin ich so unendlich dankbar.

Viele Menschen haben mich auf dem Weg, den ich bisher gegangen bin, begleitet, haben mich gehalten und wieder an das Leben herangeführt, als ich eigentlich dachte, ich wär schon tot.

Ich kann sagen, ohne diese Menschen wäre ich wohl nicht hier.

Deshalb möchte ich Danke sagen:

Danke an meine Schulpsychologin, die sich meiner Person angenommen hat. Mich begleitete, während ich ums Überleben kämpfte.

Danke an meine Therapeutin aus Belgien, die mich während der ganzen schweren Zeit nicht alleine ließ und irgendwie schon einiges vor mir verstanden hatte.

Danke an alle Betreuer*innen der Wohngruppe. Besonders meinen beiden Bezugsbetreurinnen habe ich sehr viel zu verdanken. Danke, dass Sie immer an mich geglaubt haben!

Danke an das Team der Tagesklinik - Das Beste Team - die mir immer wieder mit dem DBT-Ansatz bewusst machten, dass ich selber die Verantwortung trage und erwachsen bin.

Danke an das Team aus der Klinik in der Nähe von Köln, dass Sie mich immer wieder aufgefangen und bestärkt haben, in dem, was ich bin.

Danke an das Berufskolleg und die tollen Lehrer*innen, die mir die Türen immer offen gehalten hat, auch wenn ich beschlossen habe, es vorher zu beenden.

Danke an das Theater, in welchem ich beruflich erste Erfahrungen sammeln konnte und danke an den Pferdeschutzhof, wo immer ein Platz für mich war.

Danke an meine ganzen Freunde, die für mich wie Säulen sind und mir so sehr helfen das Leben auch mal aus einer anderen Perspektive wahrzunehmen. Mit euch ist vieles leichter.

Danke an meine Therapeutin aus Köln. Danke, dass Sie mir immer einen sicheren Rahmen geboten haben.

Außerdem danke ich meinen Eltern und meiner Familie, wir haben ganz schön an uns gearbeitet und uns in Riesenschritten weiterentwickelt.

Danke, dass ihr das alles mitgetragen und so viel an euch gearbeitet habt.

Danke, dass ihr mir alle geholfen habt zu wachsen!!!

I'm alive.

I'm so greatful to be alive.

Many people have guided me on my way and I've already come very far.

They held me, they showed me how to live, when I actually thought I was already dead.

I can say that without all those people I wouldn't be here anymore.

That's why I want to say Thank You:

Thank you to my schoolpsychologist, who was the first person who seemed to care about me after a long time fighting on my own.

Thank you to my therapist in Belgium who always was with me during the hard times and seemed to have understood many things befor I did.

Thanks to all my carers of the residential group, especially my two primary contacts. Thanks for always believing in me!

Thank you to the team of the day-care hospital and the clinic near Cologne who made me strong again and helped me to gain back control and responsibility.

Thank you to the vocational college and all the great teachers there, who tried their best to support me.

Thank you to the theatre and to the horse farm where I could make the most important work experiences until now.

Thank you to my wunderful therapist in Cologne, who always offered me a safe space.

Thanks to all my friends who help me seeing life from different perspectives. It's much easier when I have you by my side.

Furthermore I want to say thank you to my parents and my whole famliy. We worked really hard on us and have made big steps of developement.

Thank you for helping me grow!!!

Inhaltsverzeichnis